EL CÓMO SE SIENTE REALMENTE

Coloring Bandit

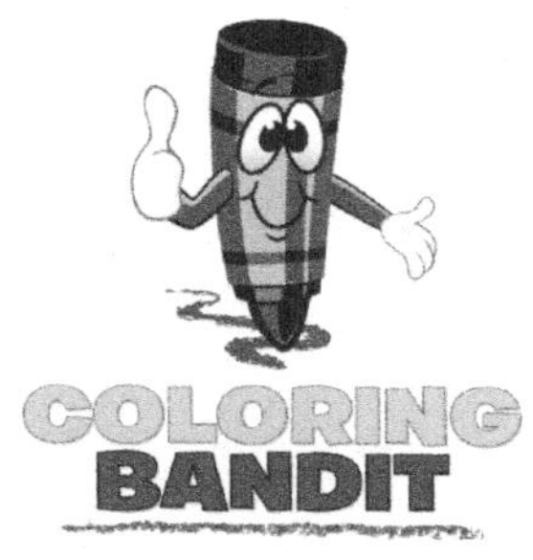

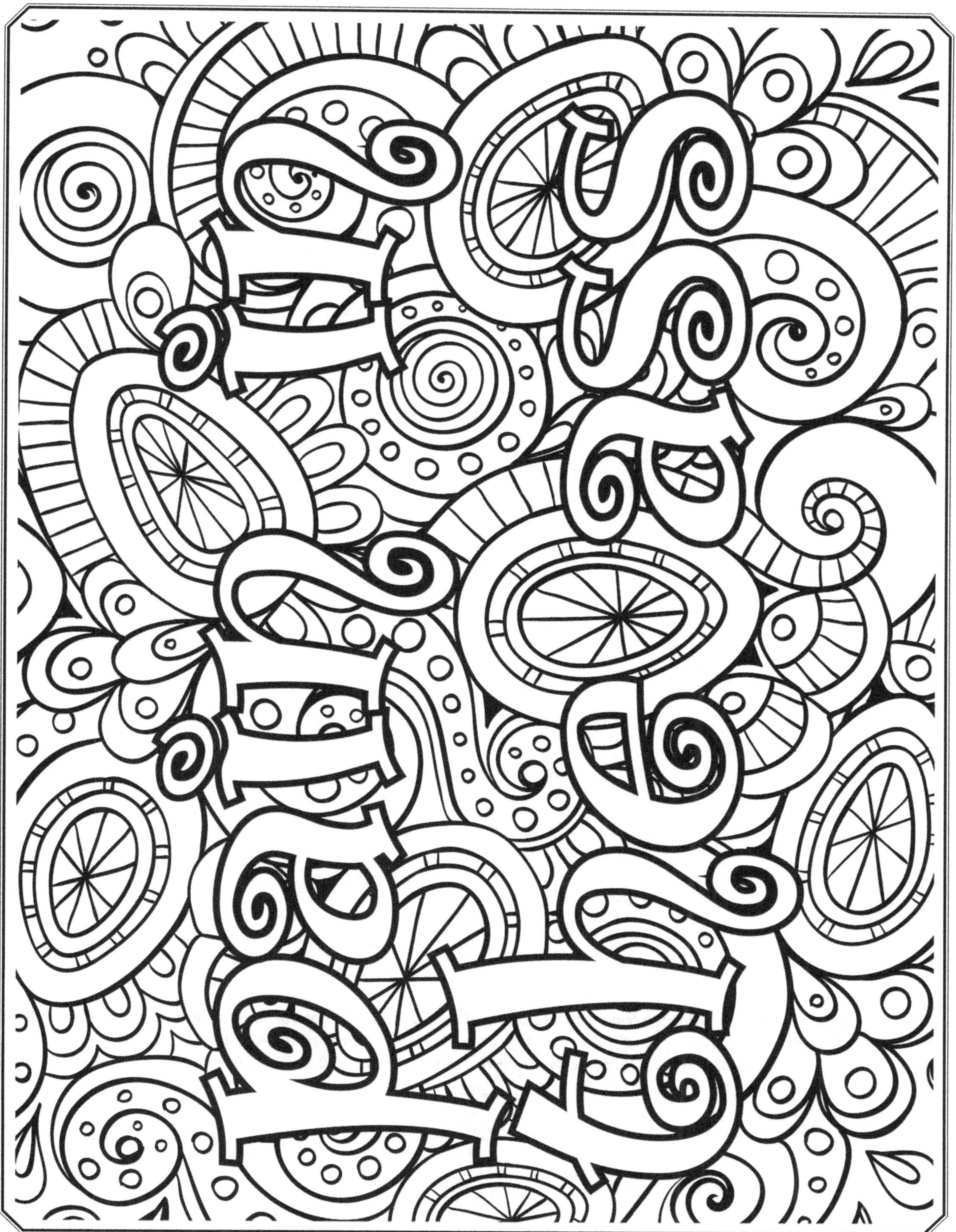

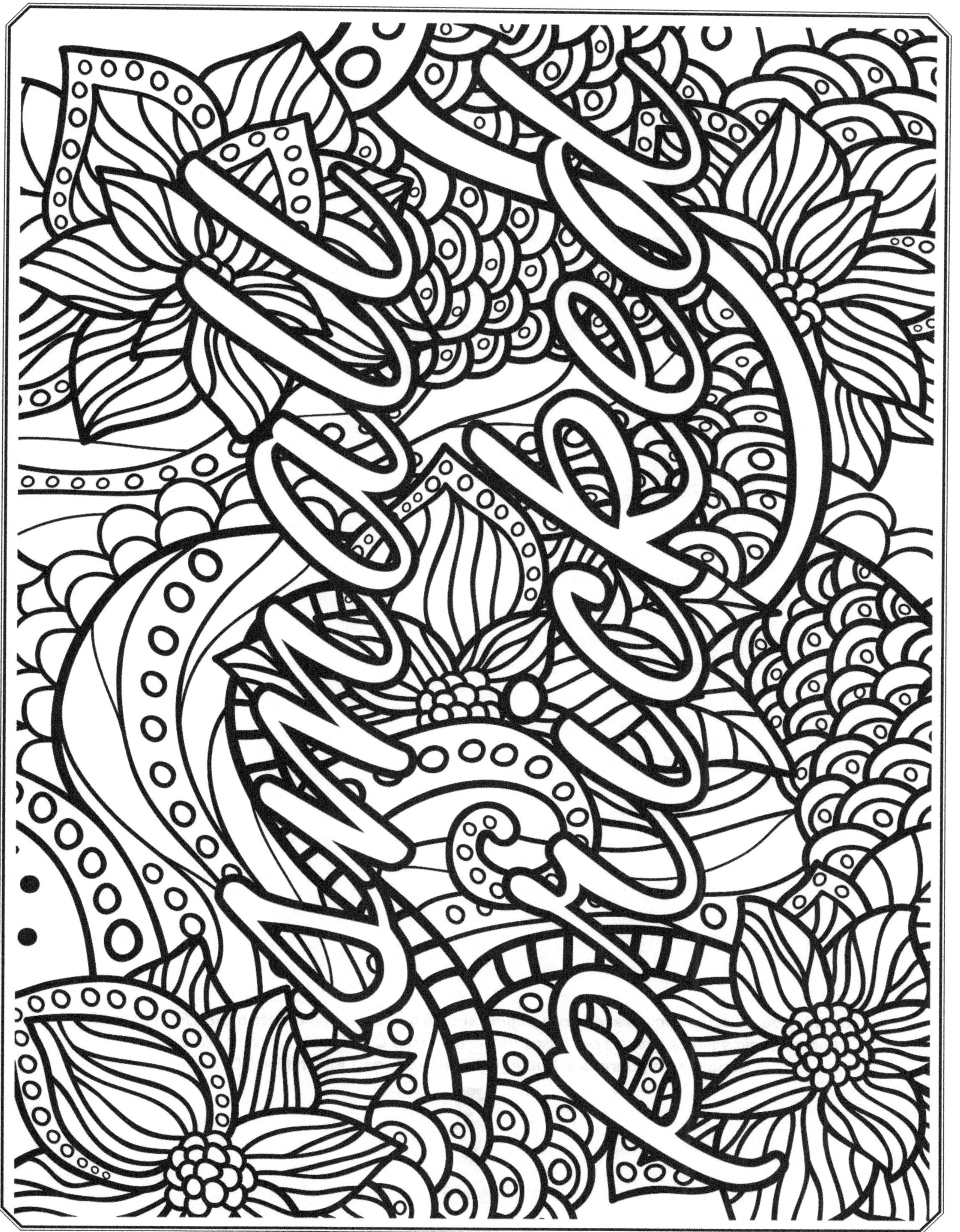

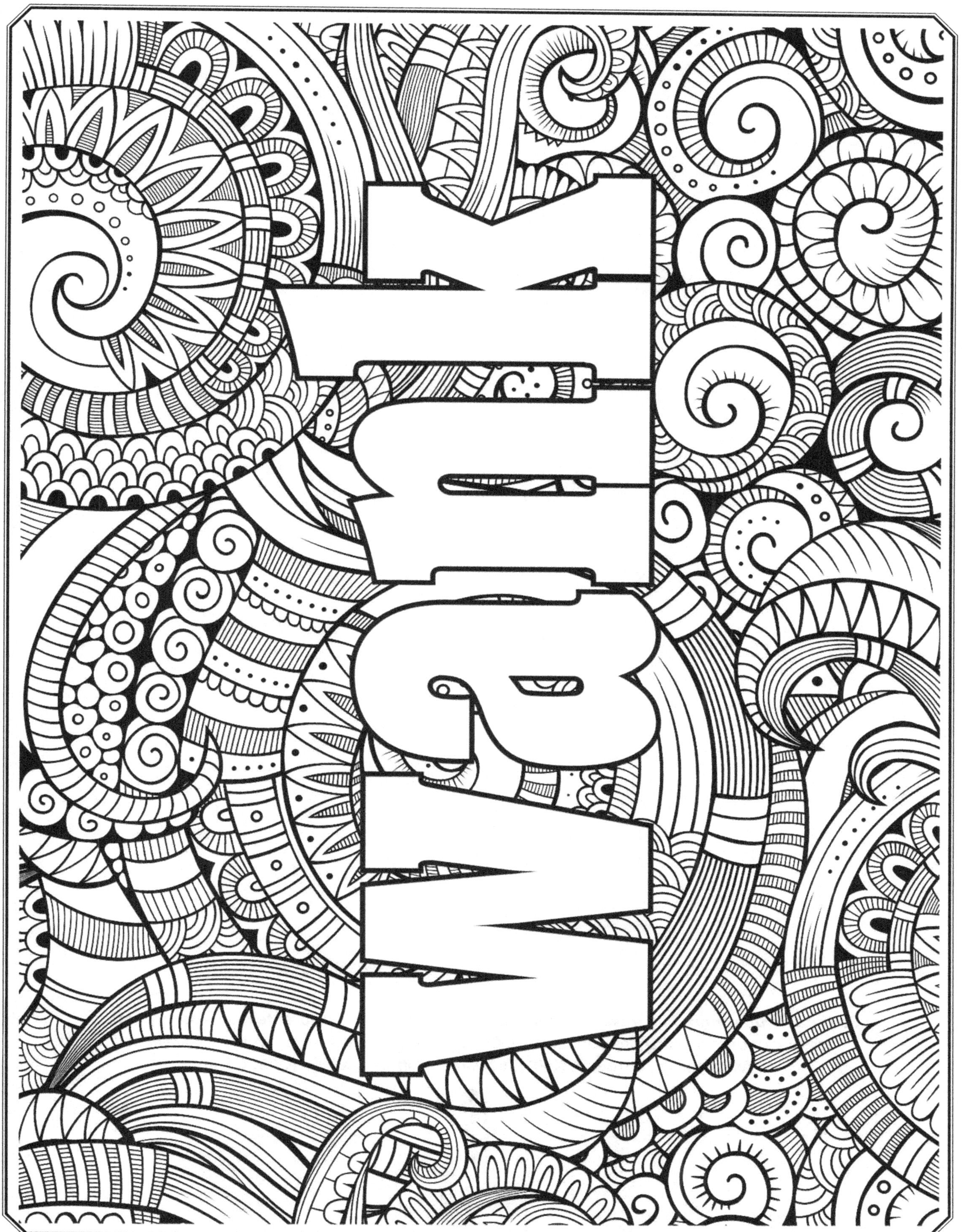

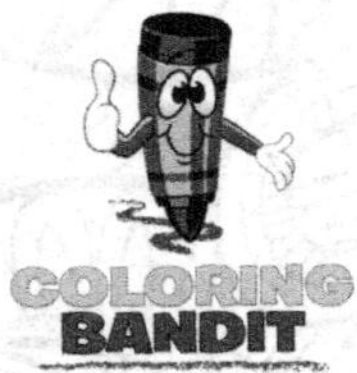

COLORING
BANDIT

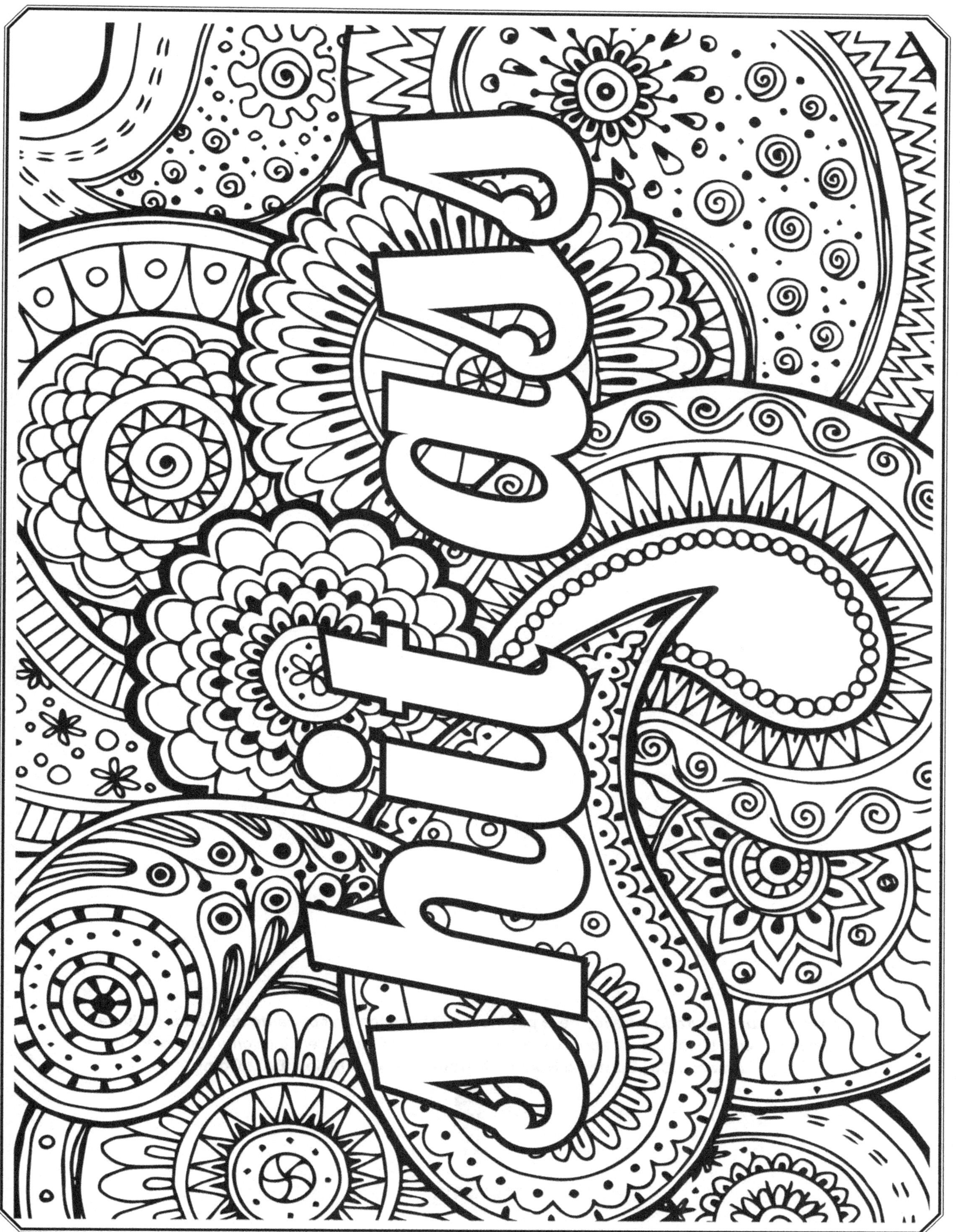

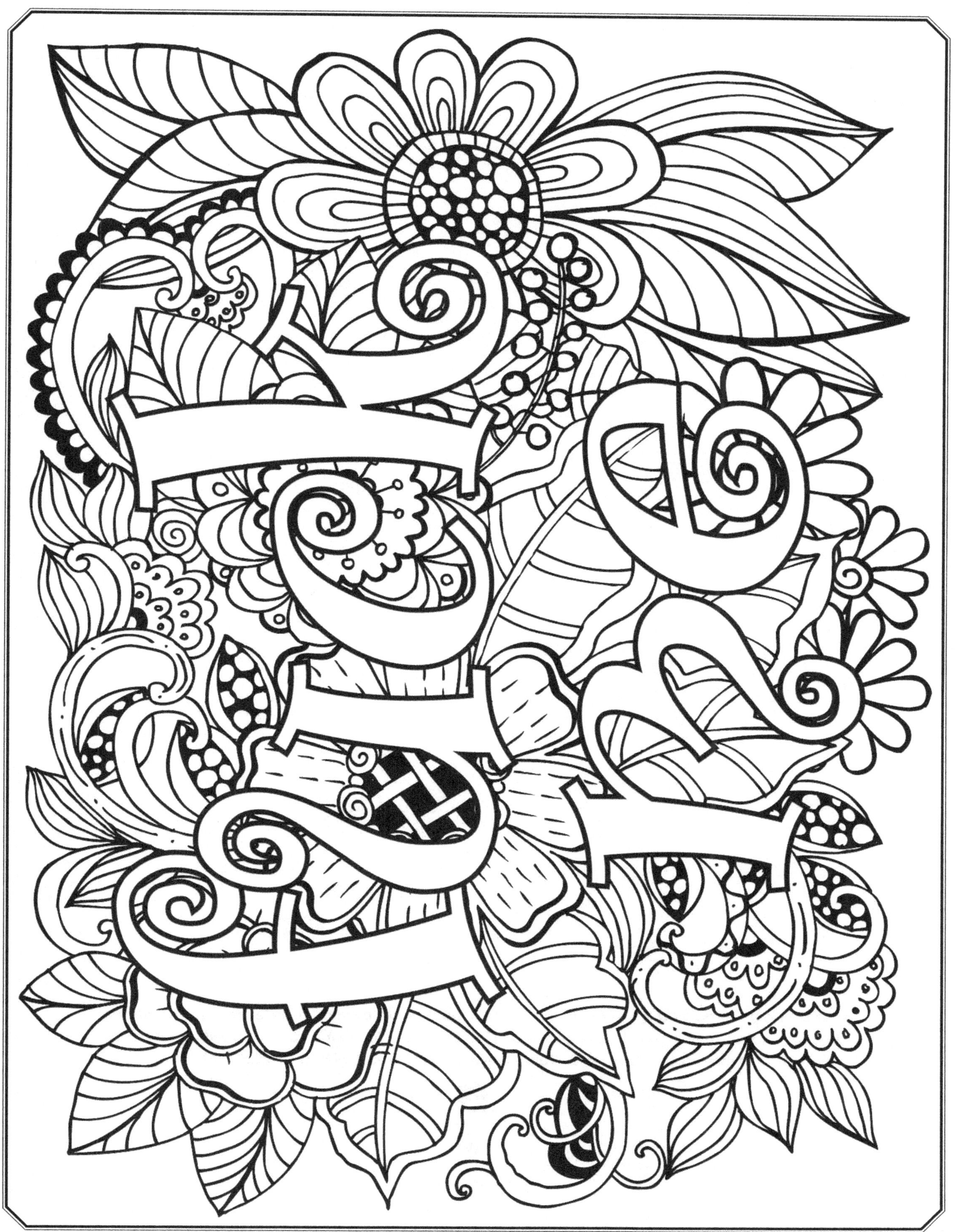

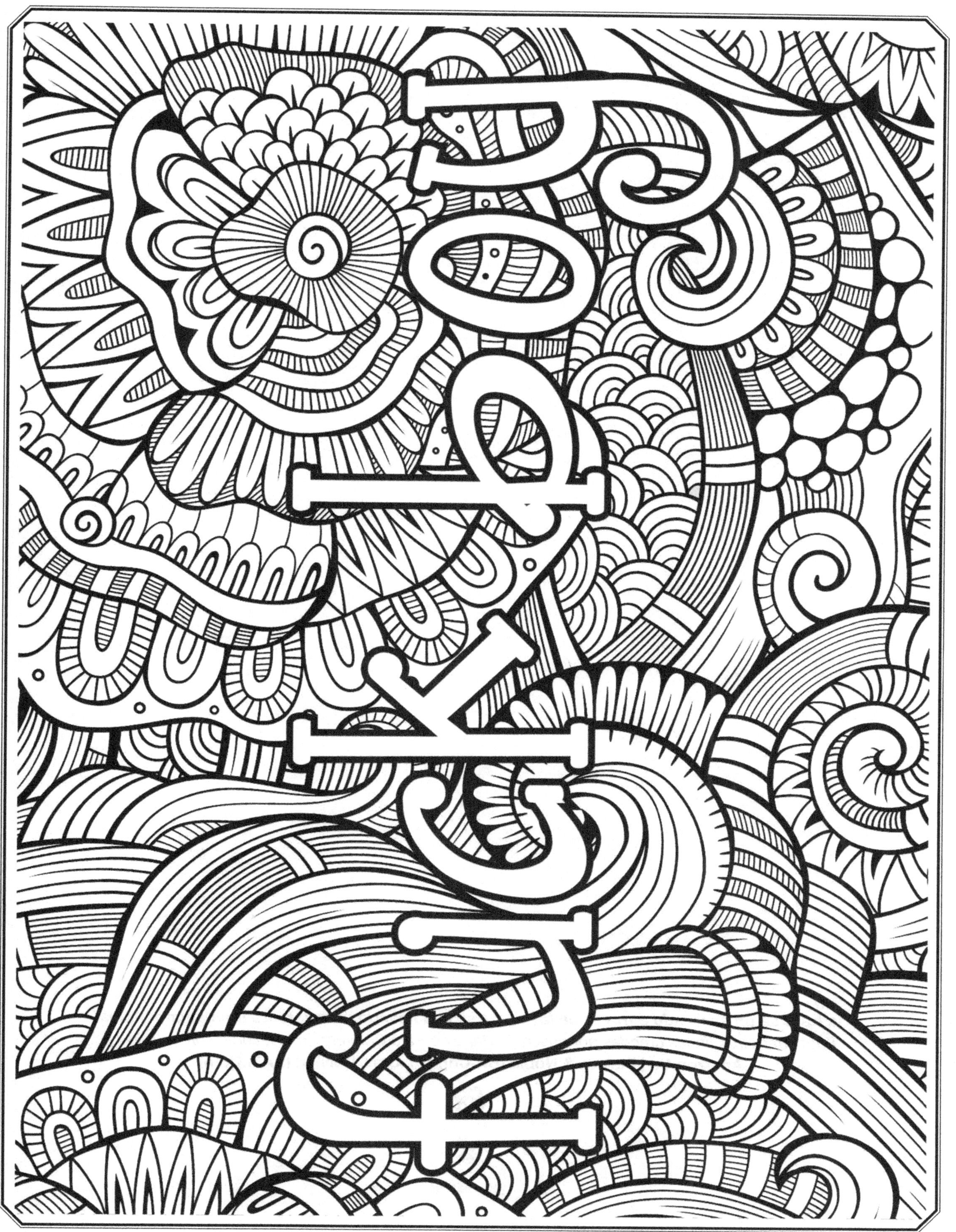

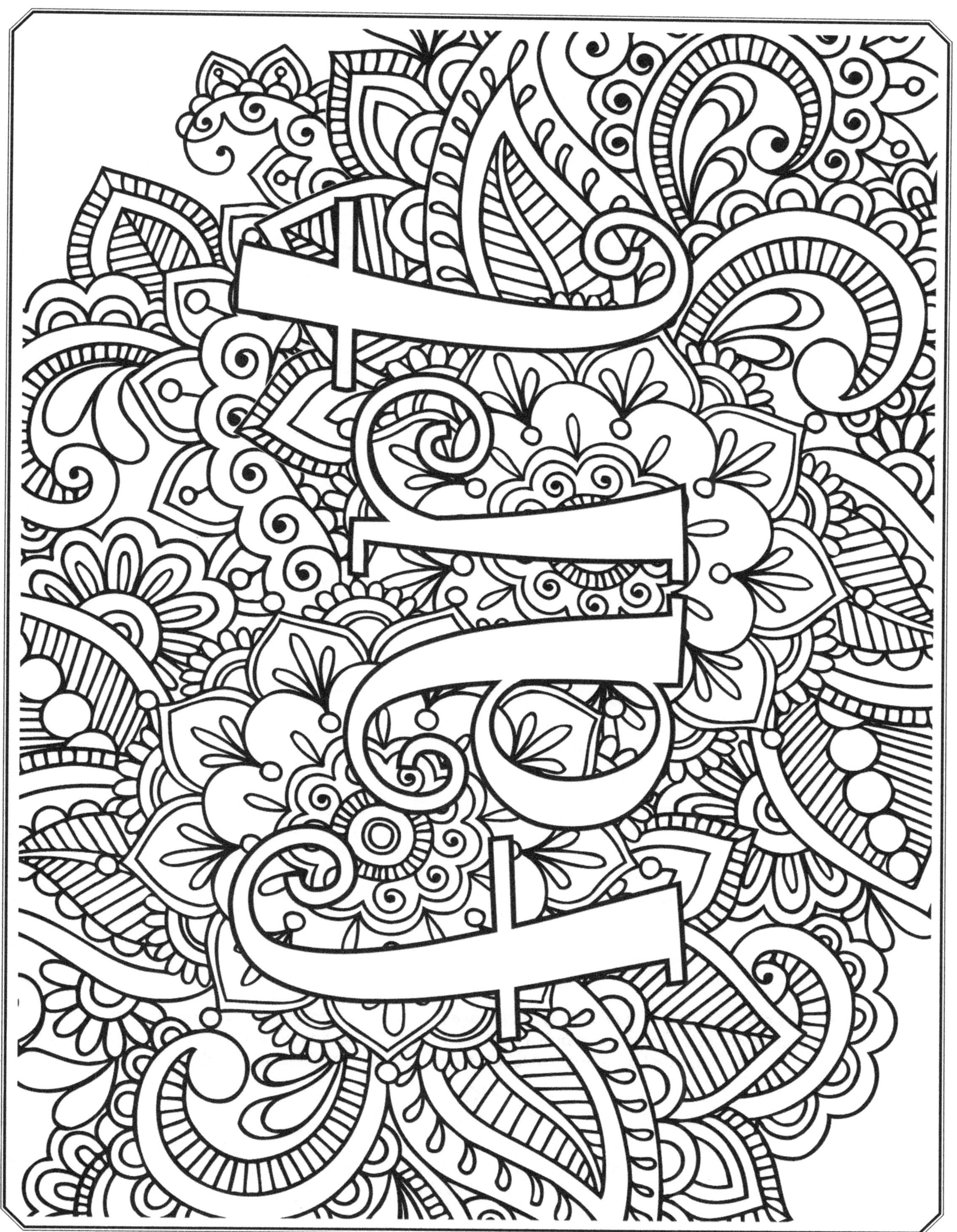

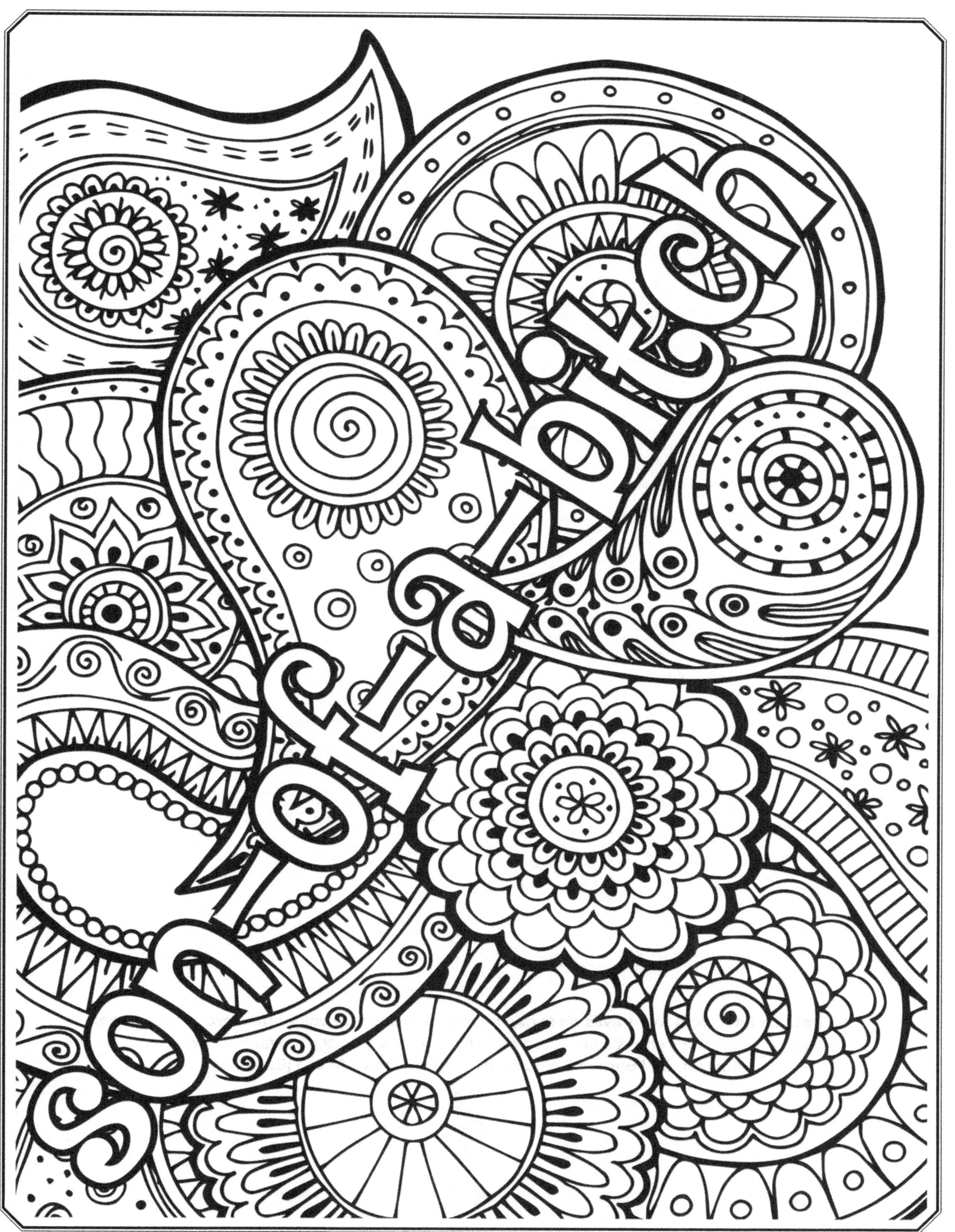

Son of a bitch

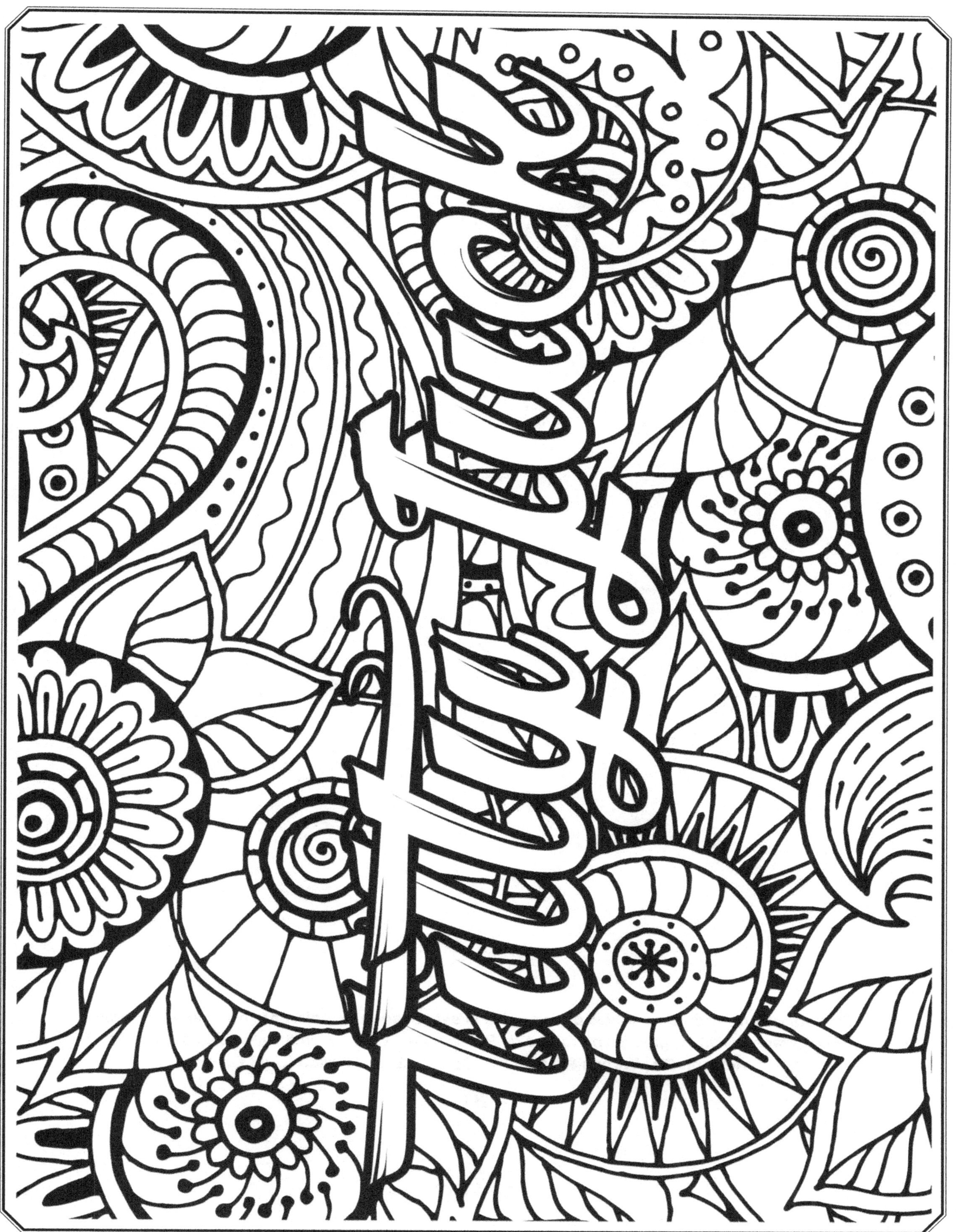

Se trata de un sangrado a través de la página si está usando un colorante marcador o pluma!

Encontrar otros títulos grandes por busca de Bandido Para Colorear en tu favorito libro minorista

Amazon.Ca | Barnes & Noble (BN.Com) | Libros 1 Millón (BAM.Com)

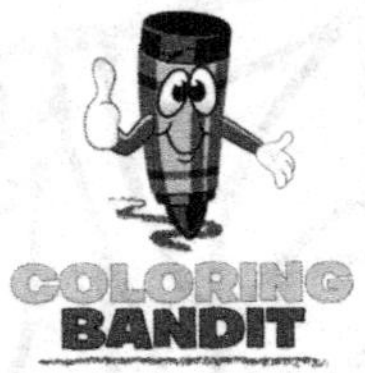

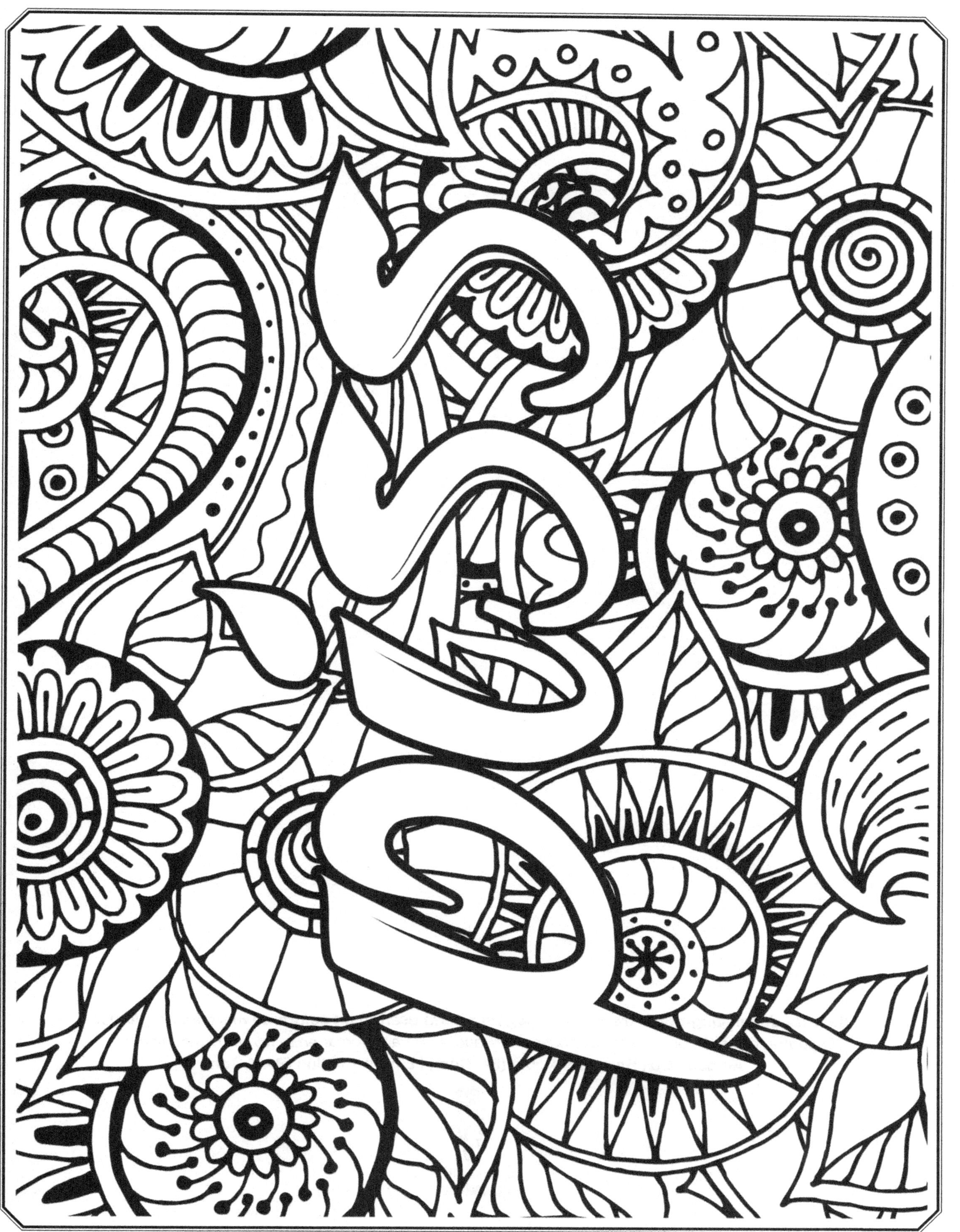

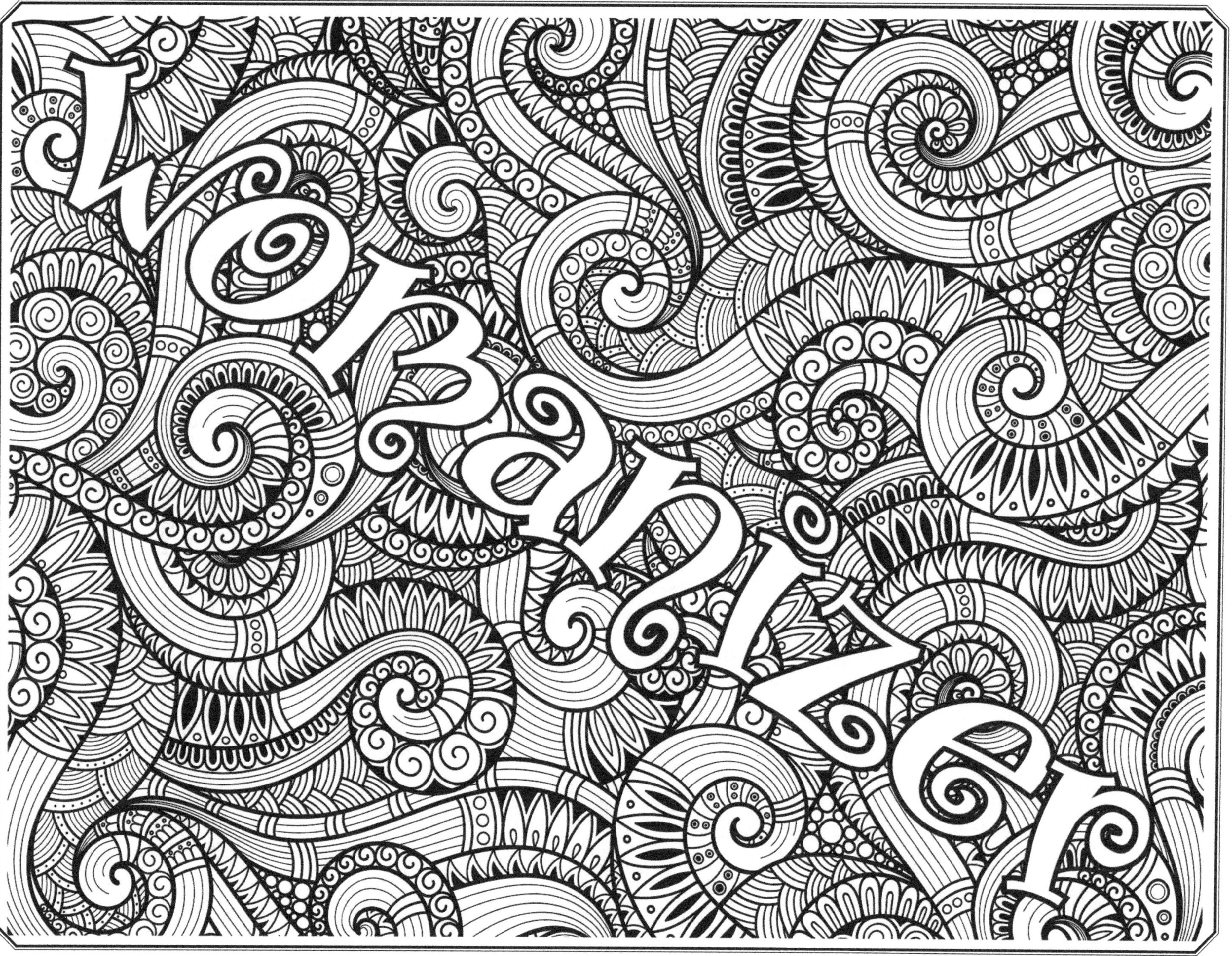
Womanizer

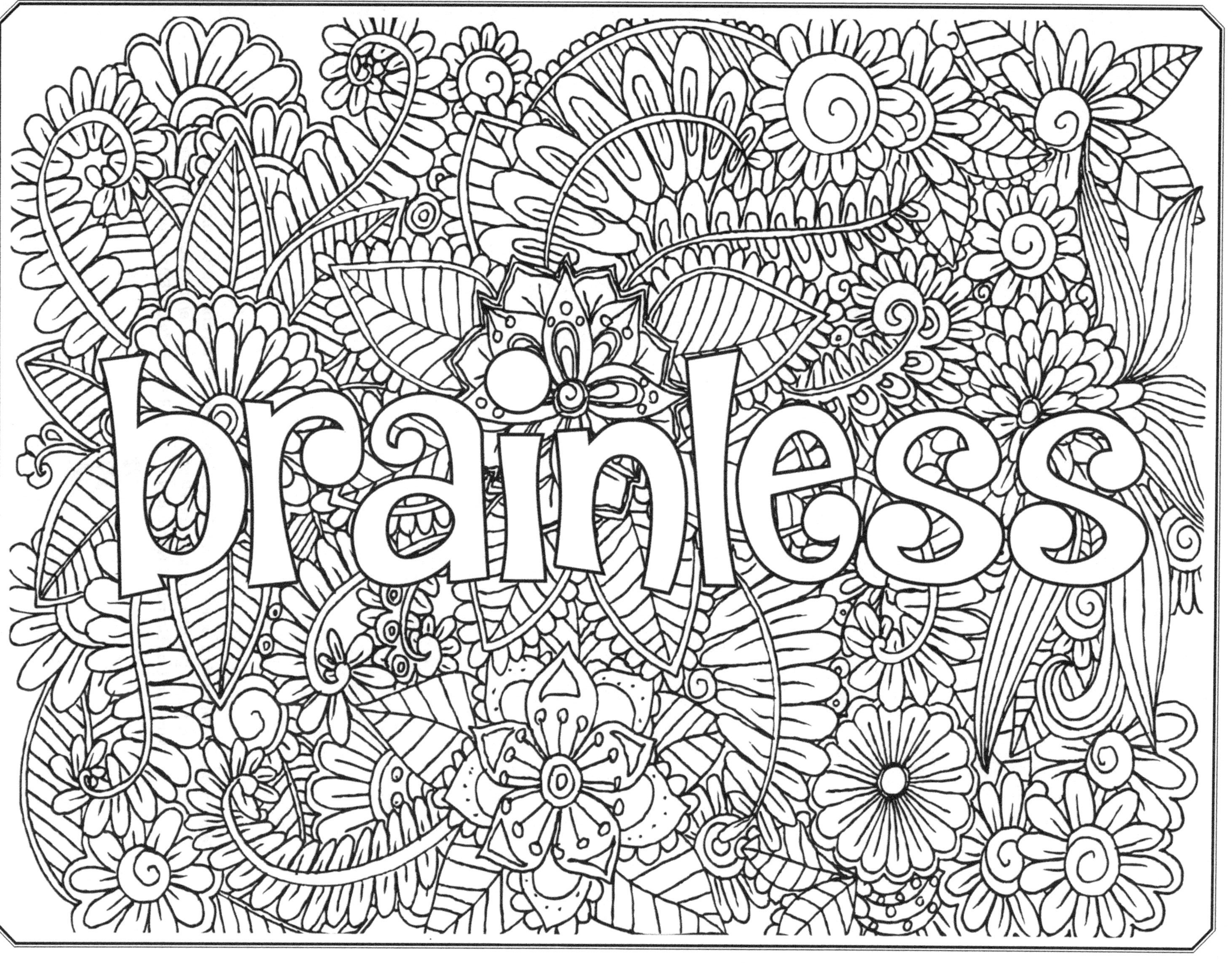
brainless

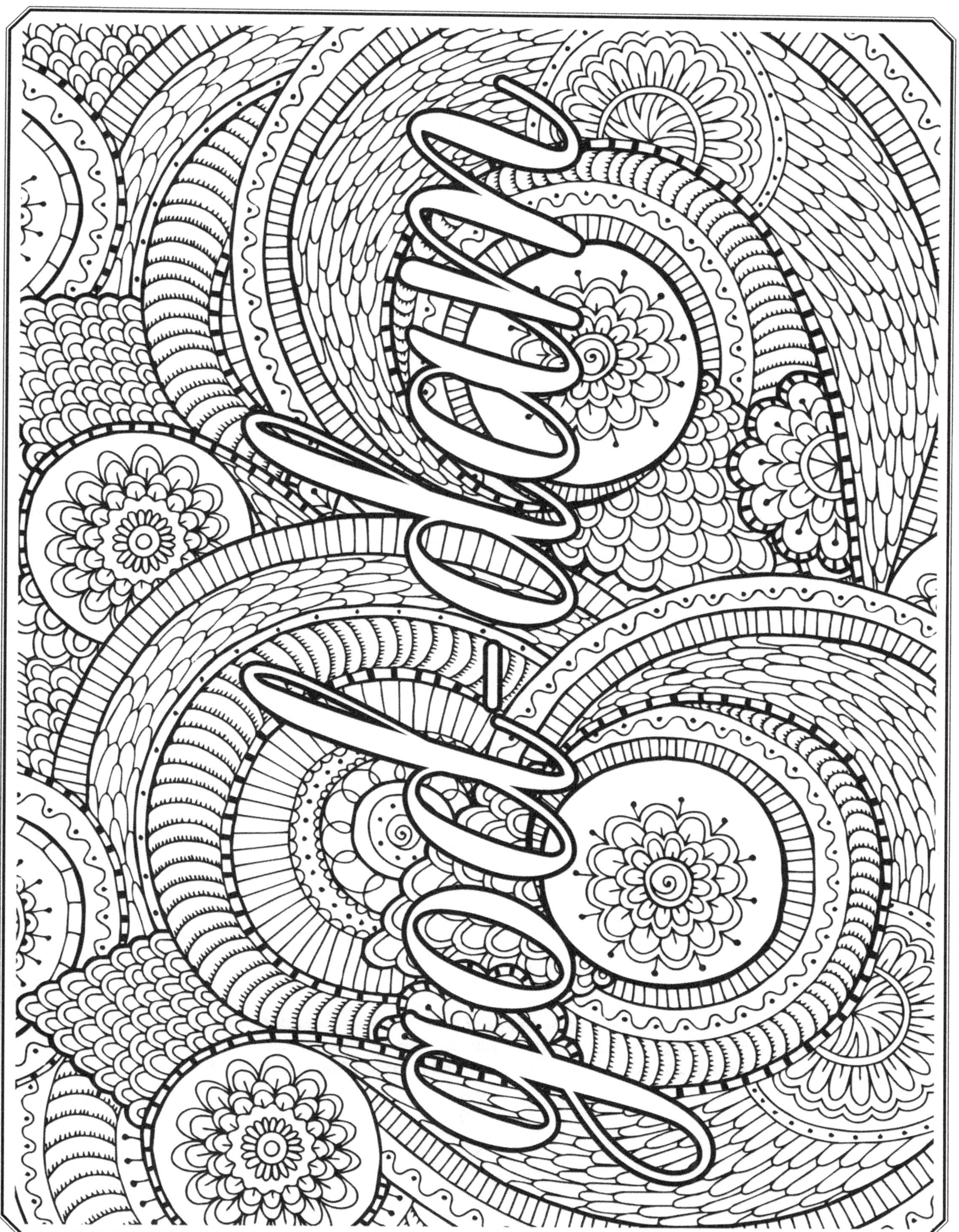

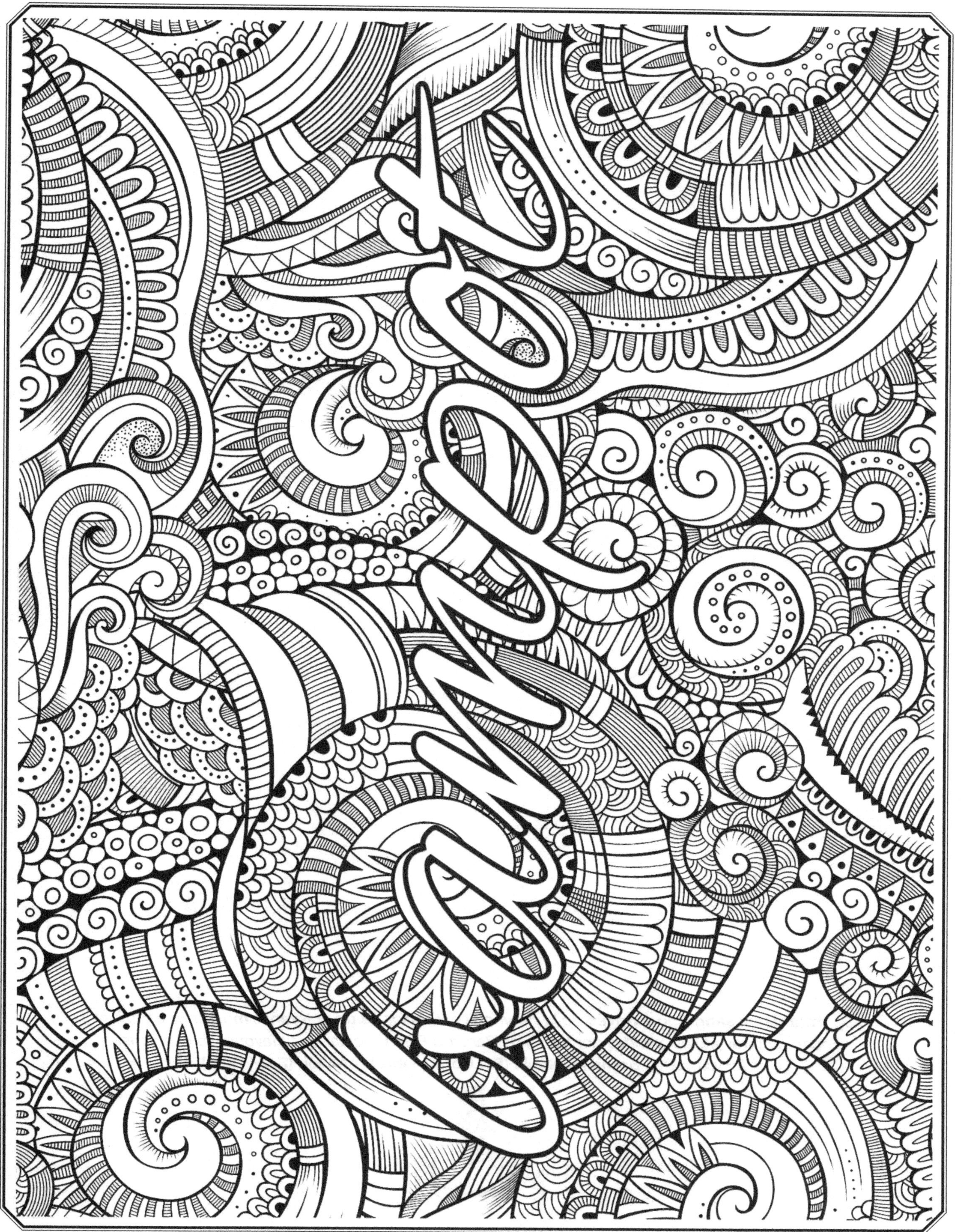
Expect miracles

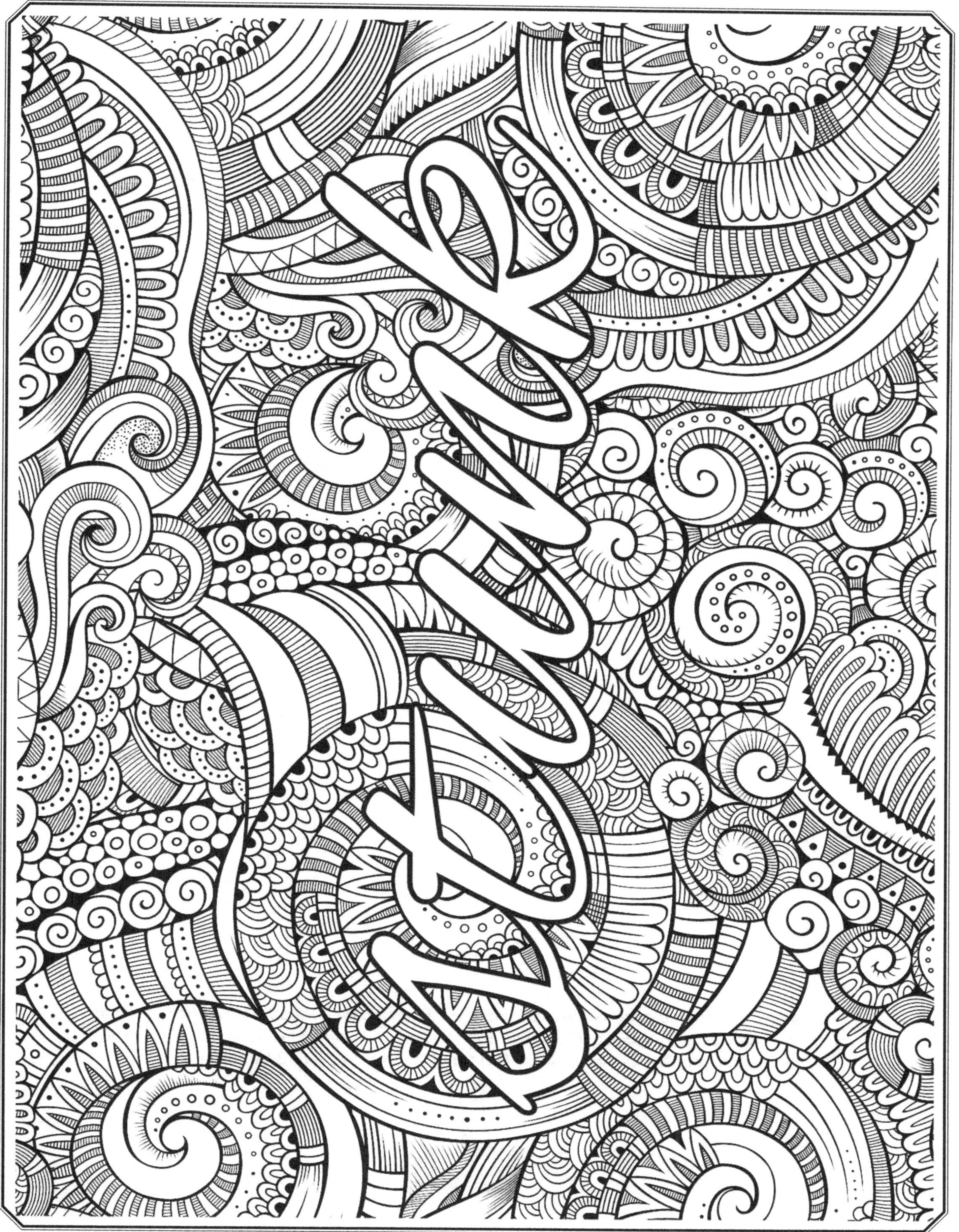

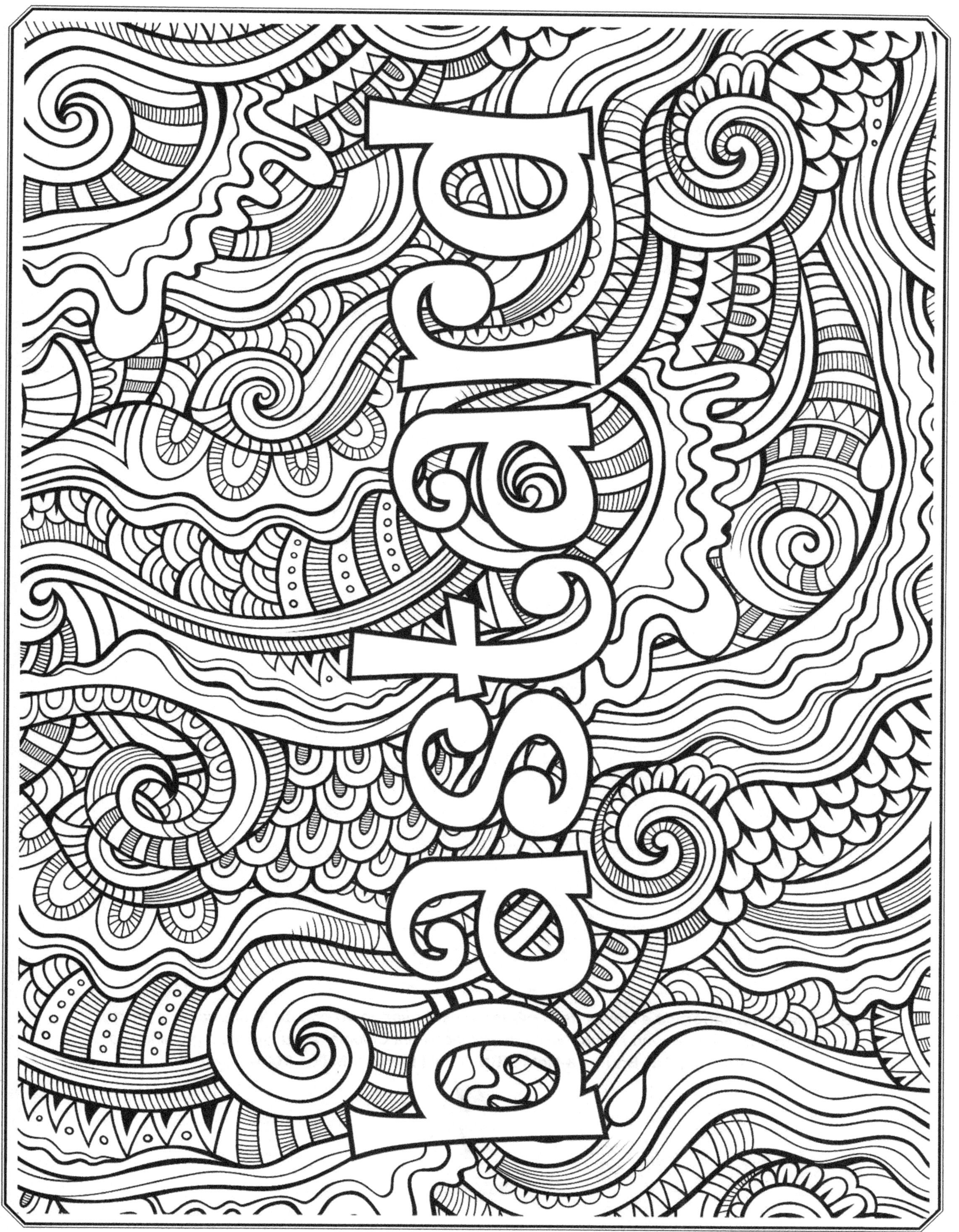

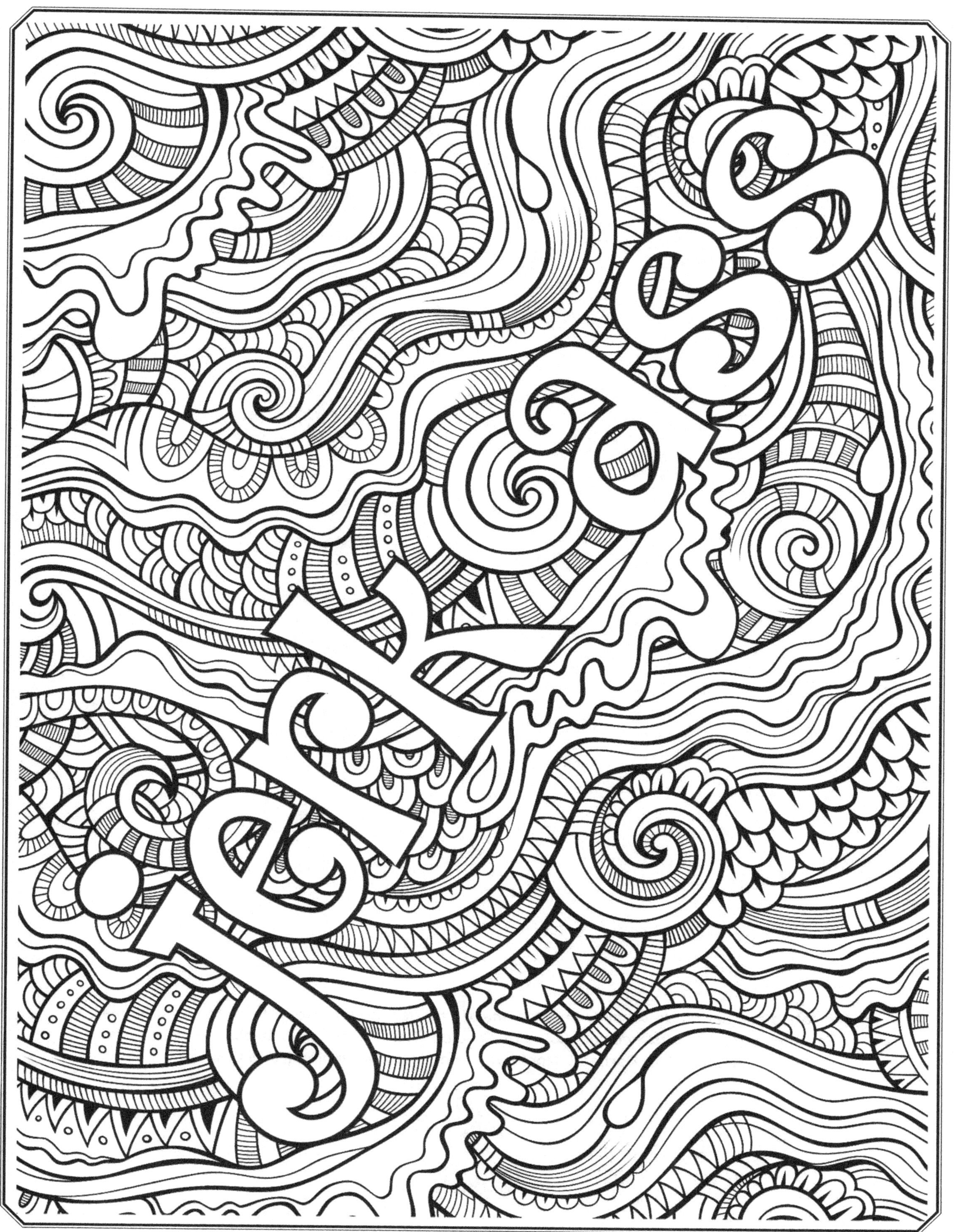
jerkass

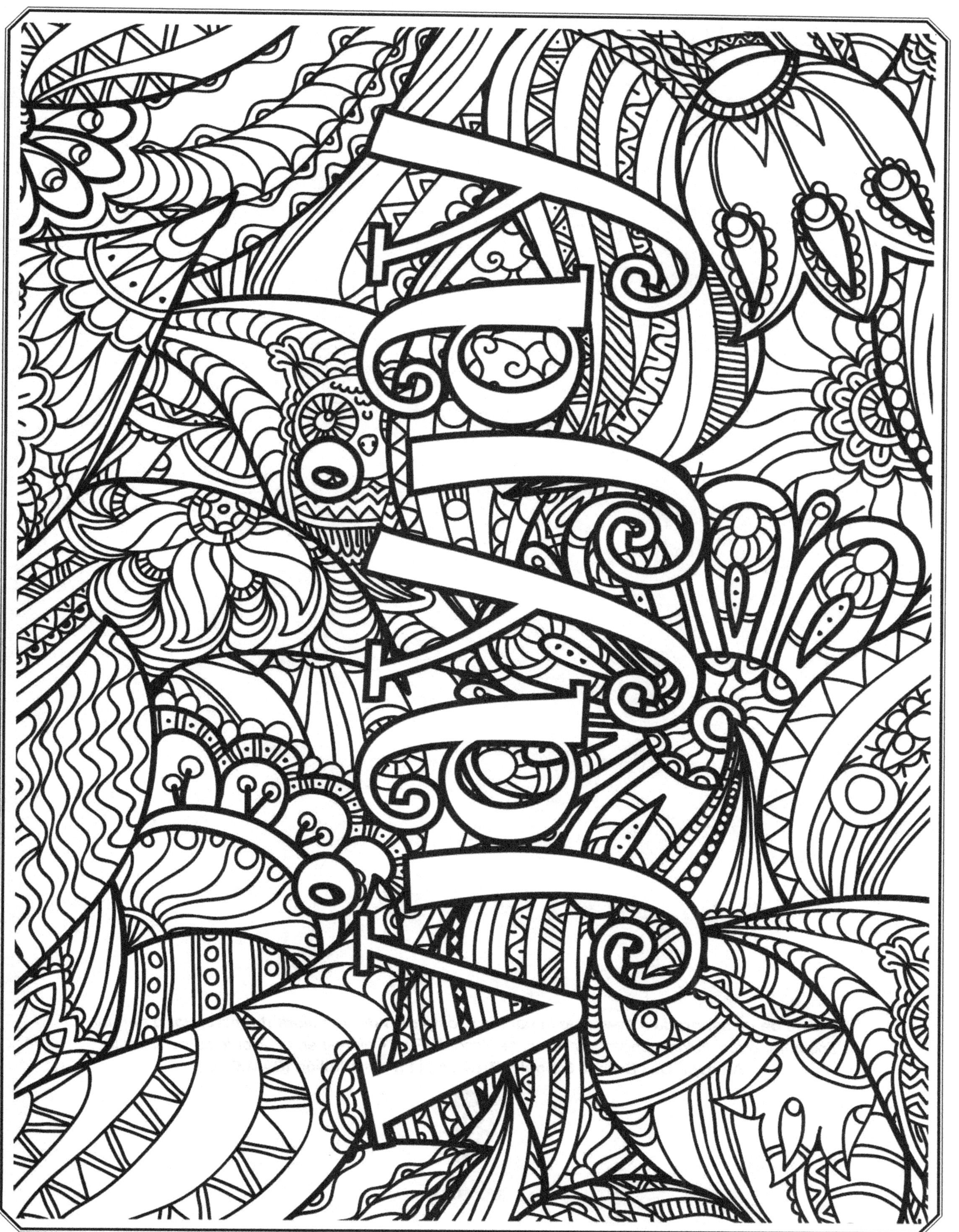

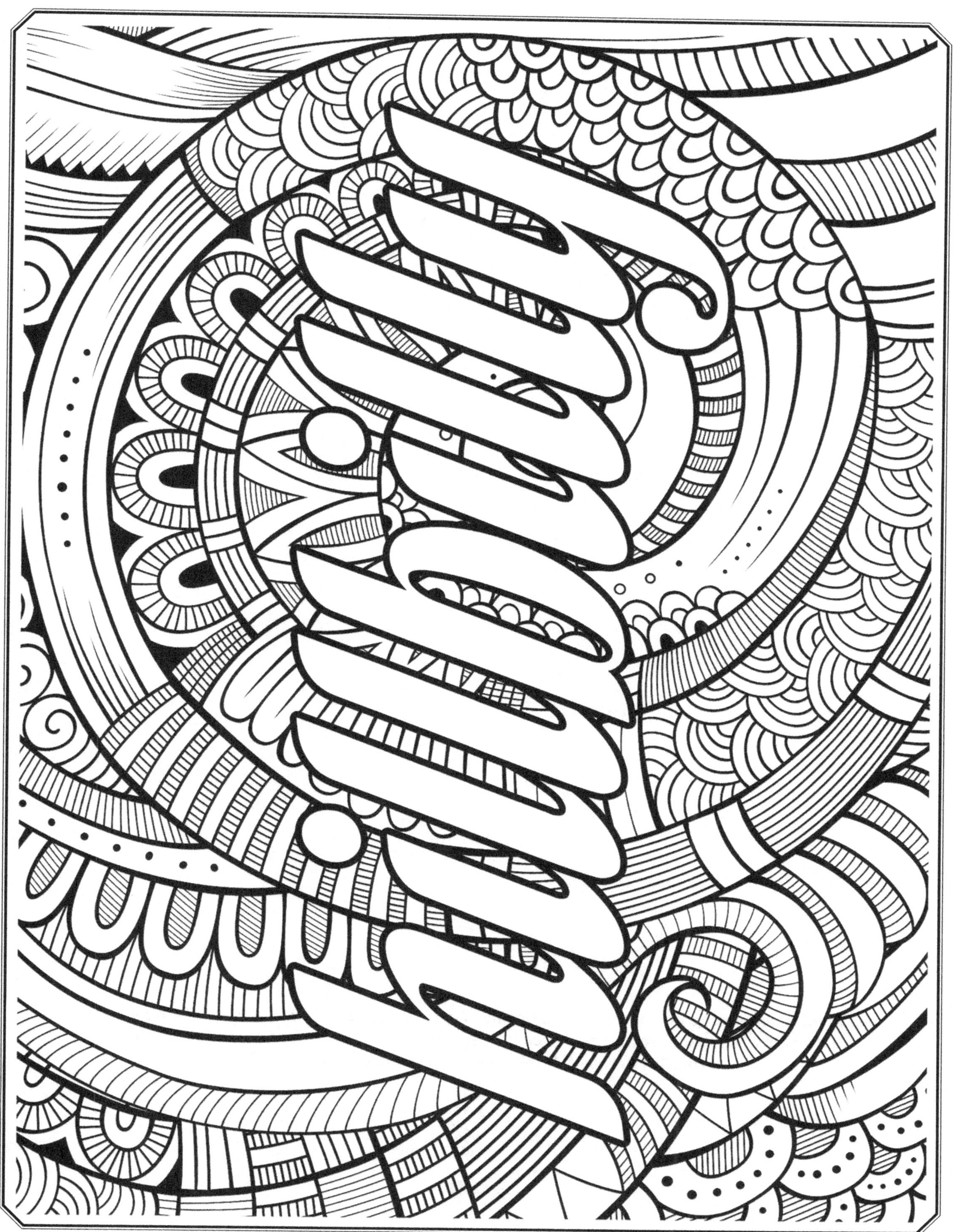

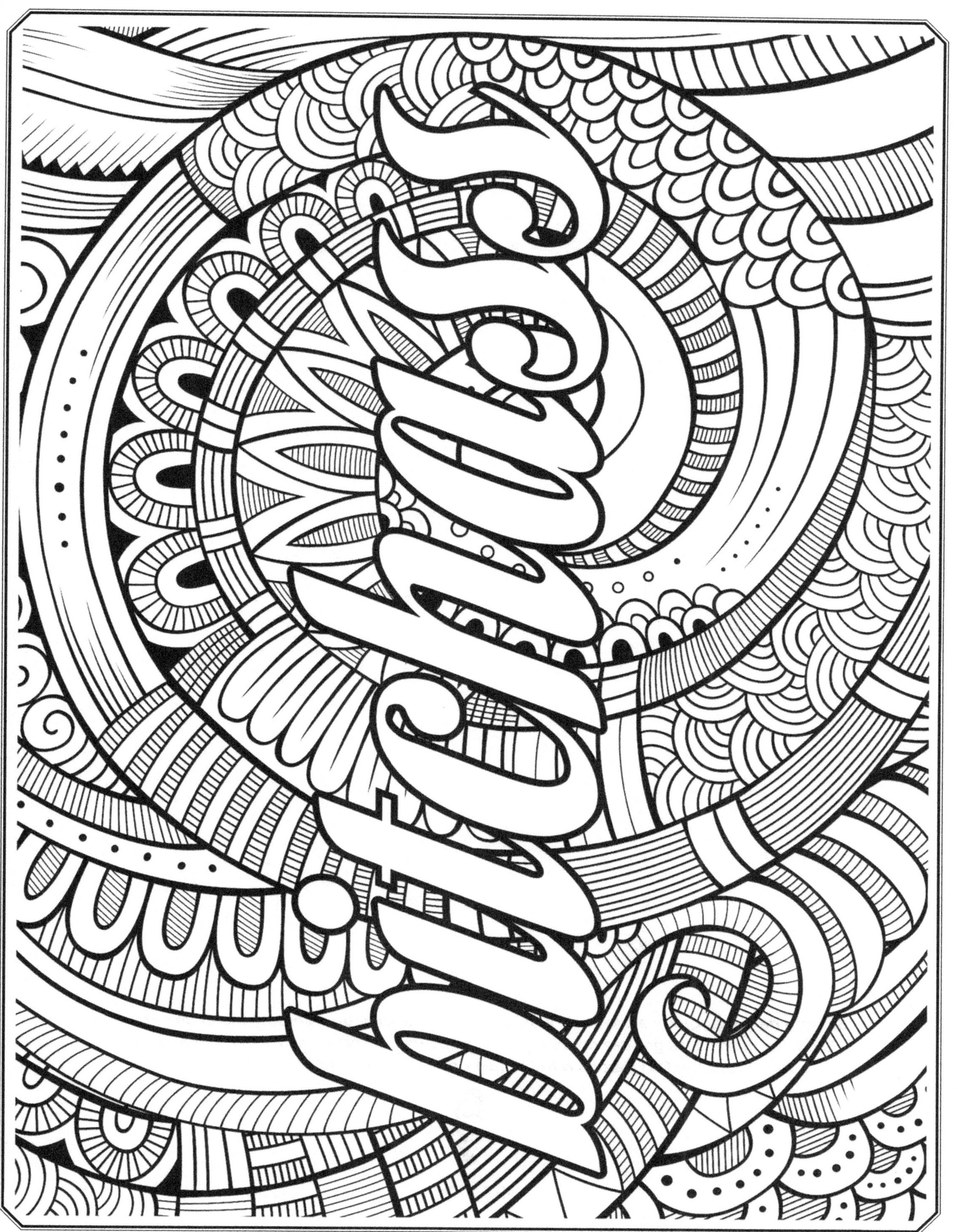

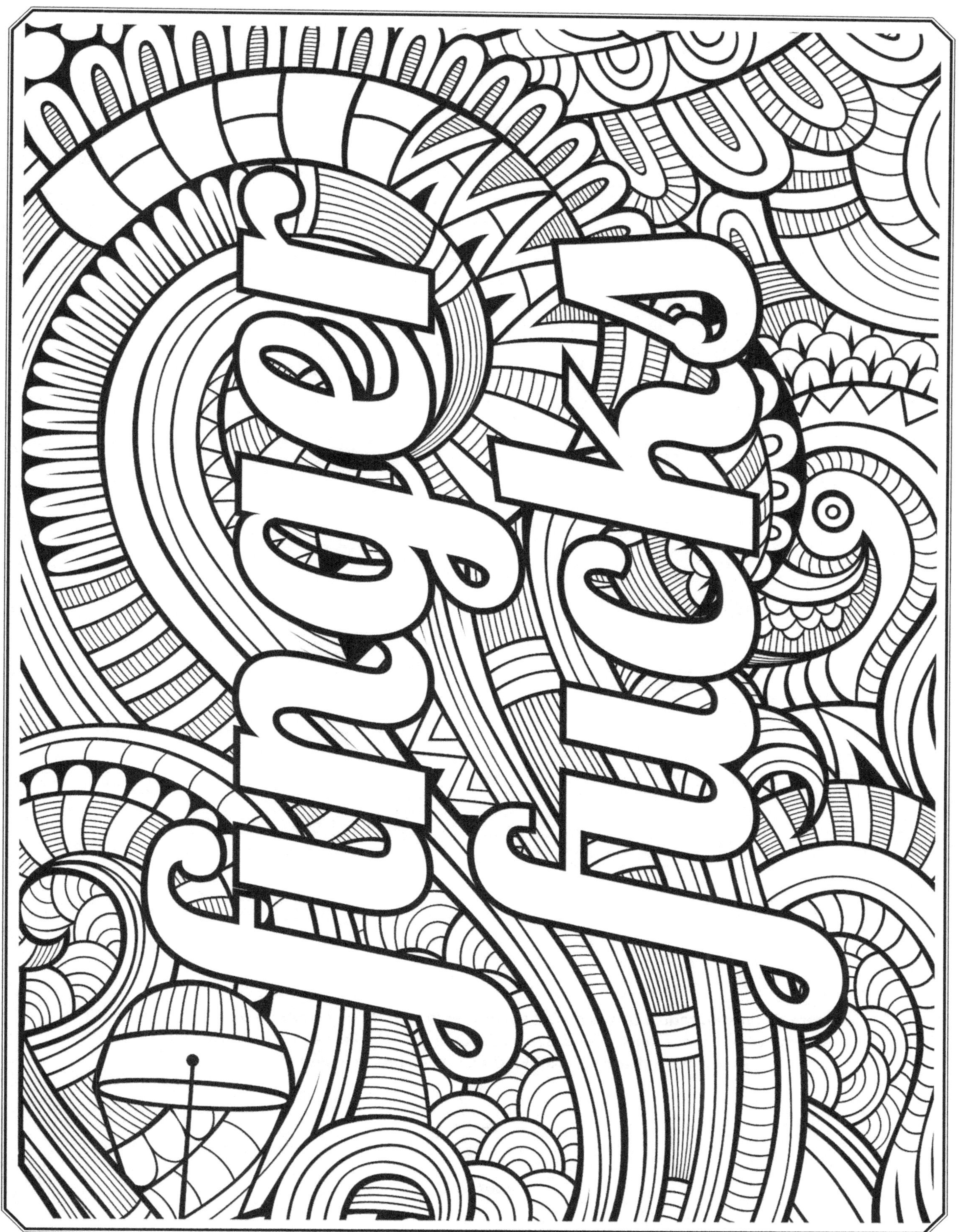

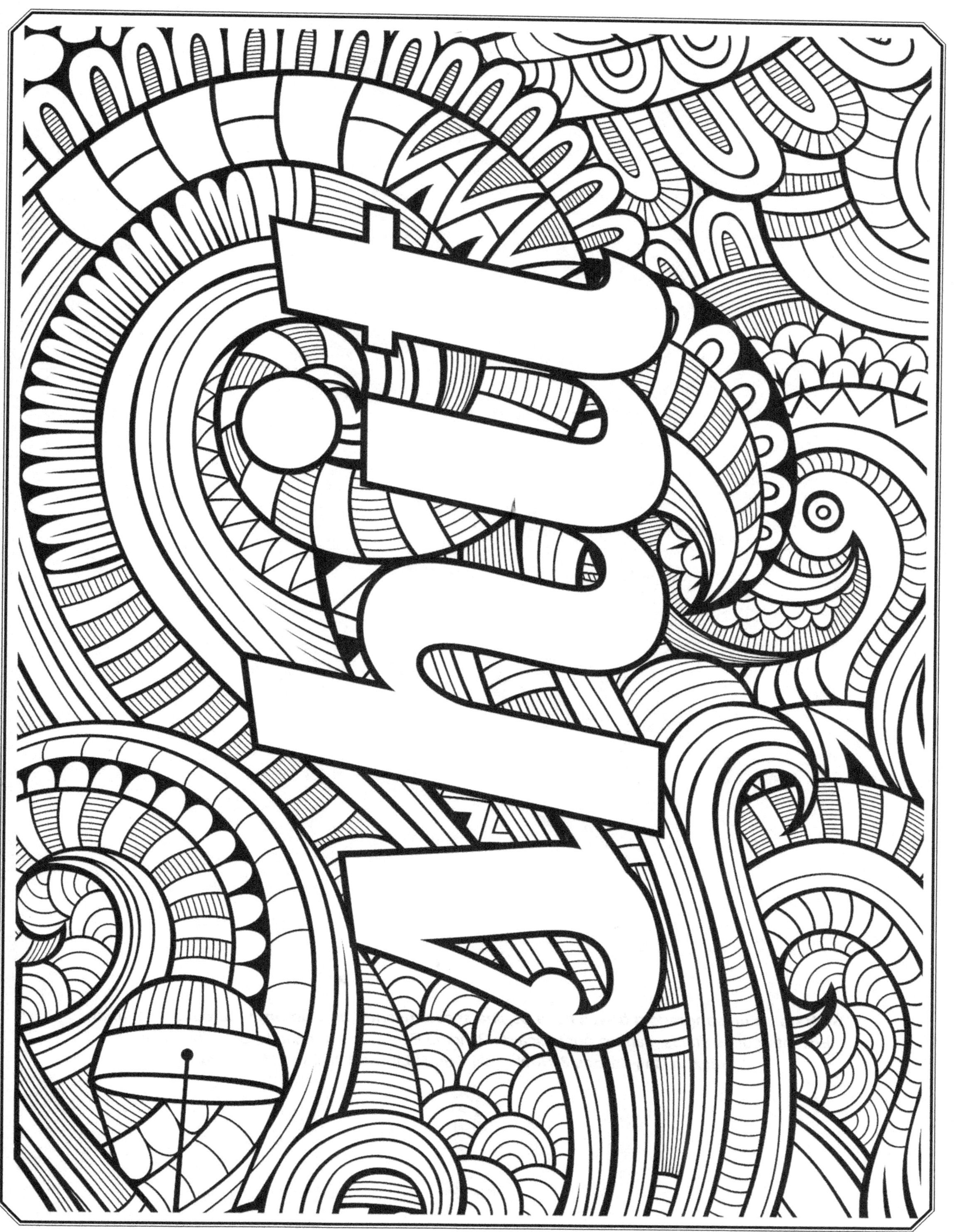

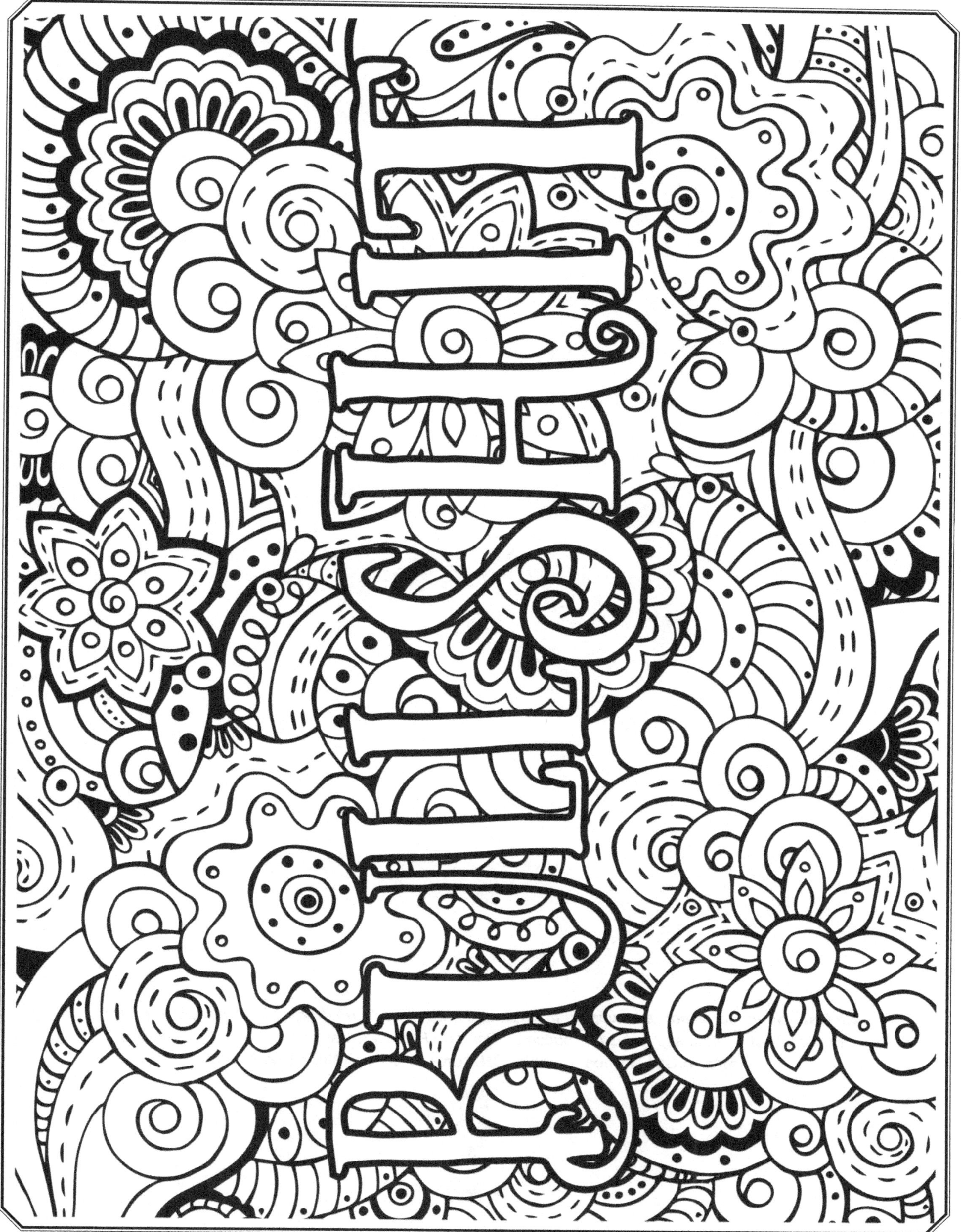

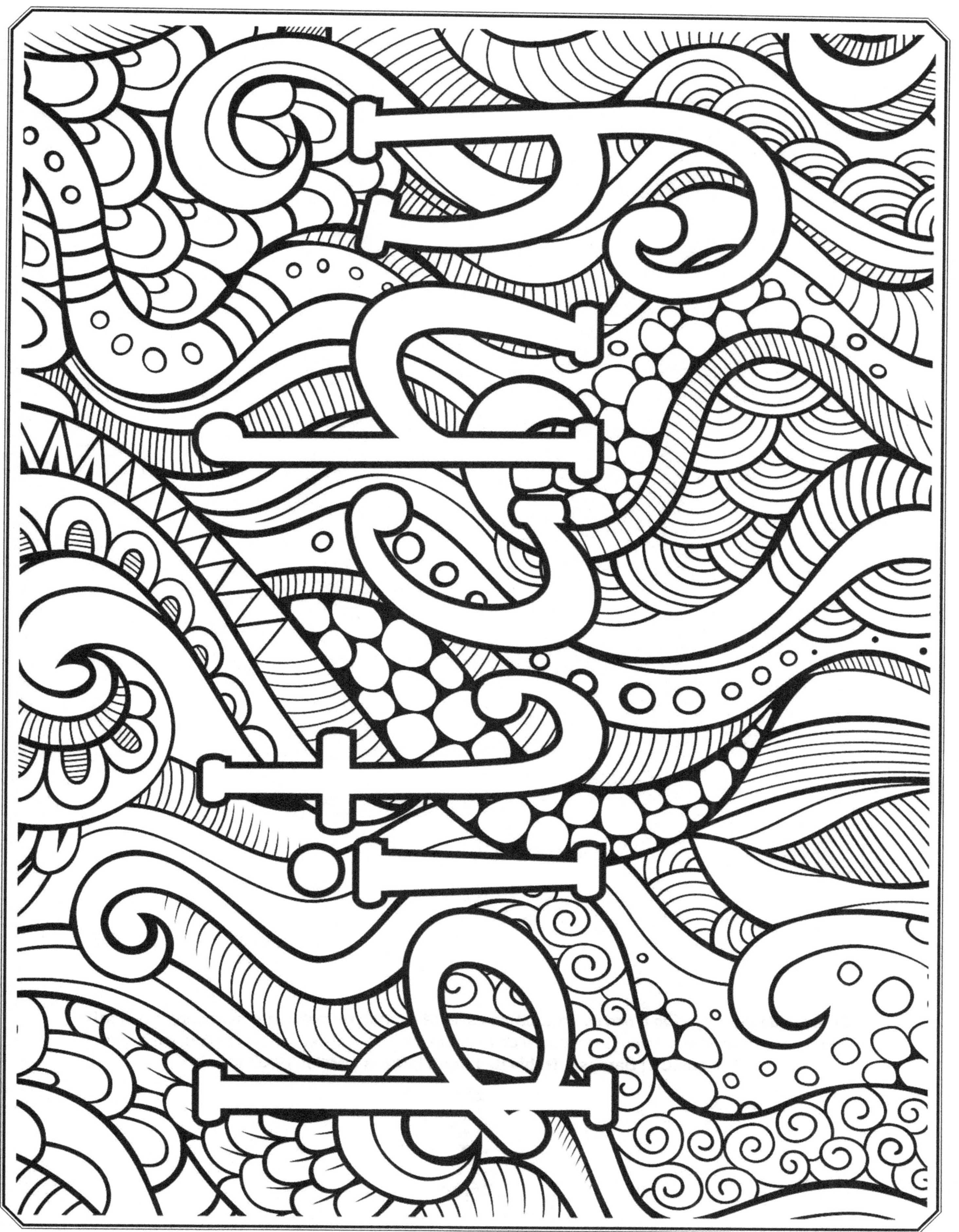

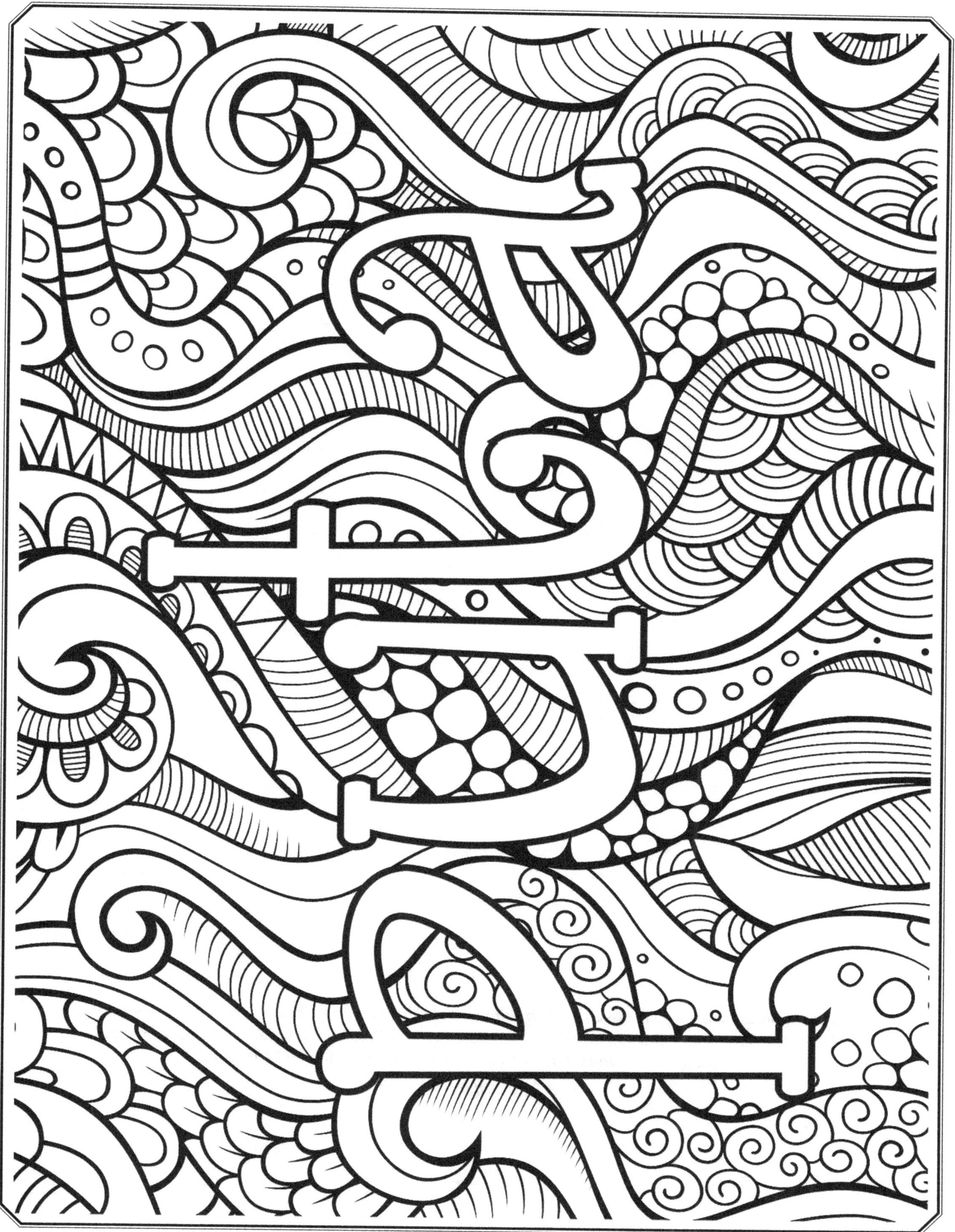

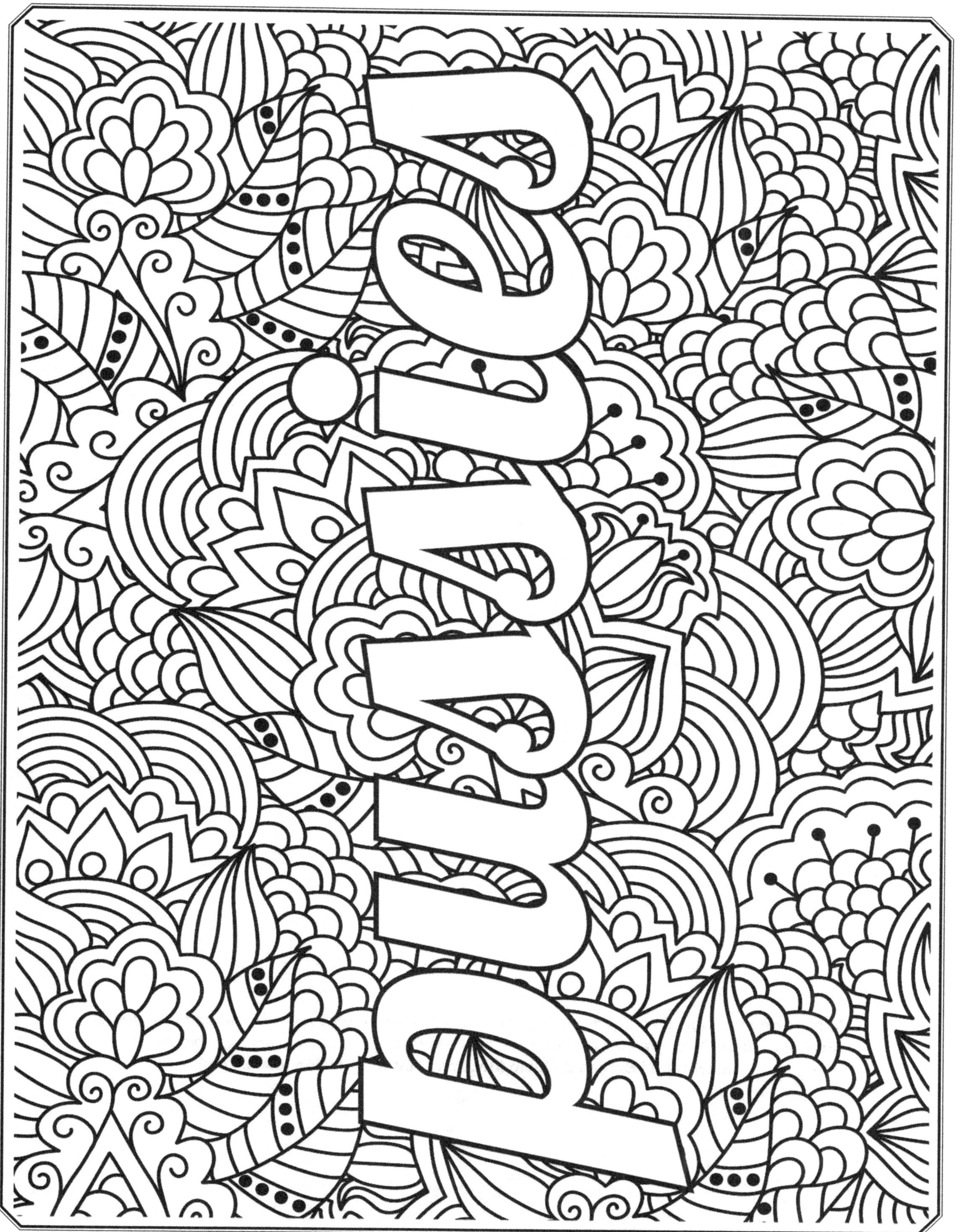

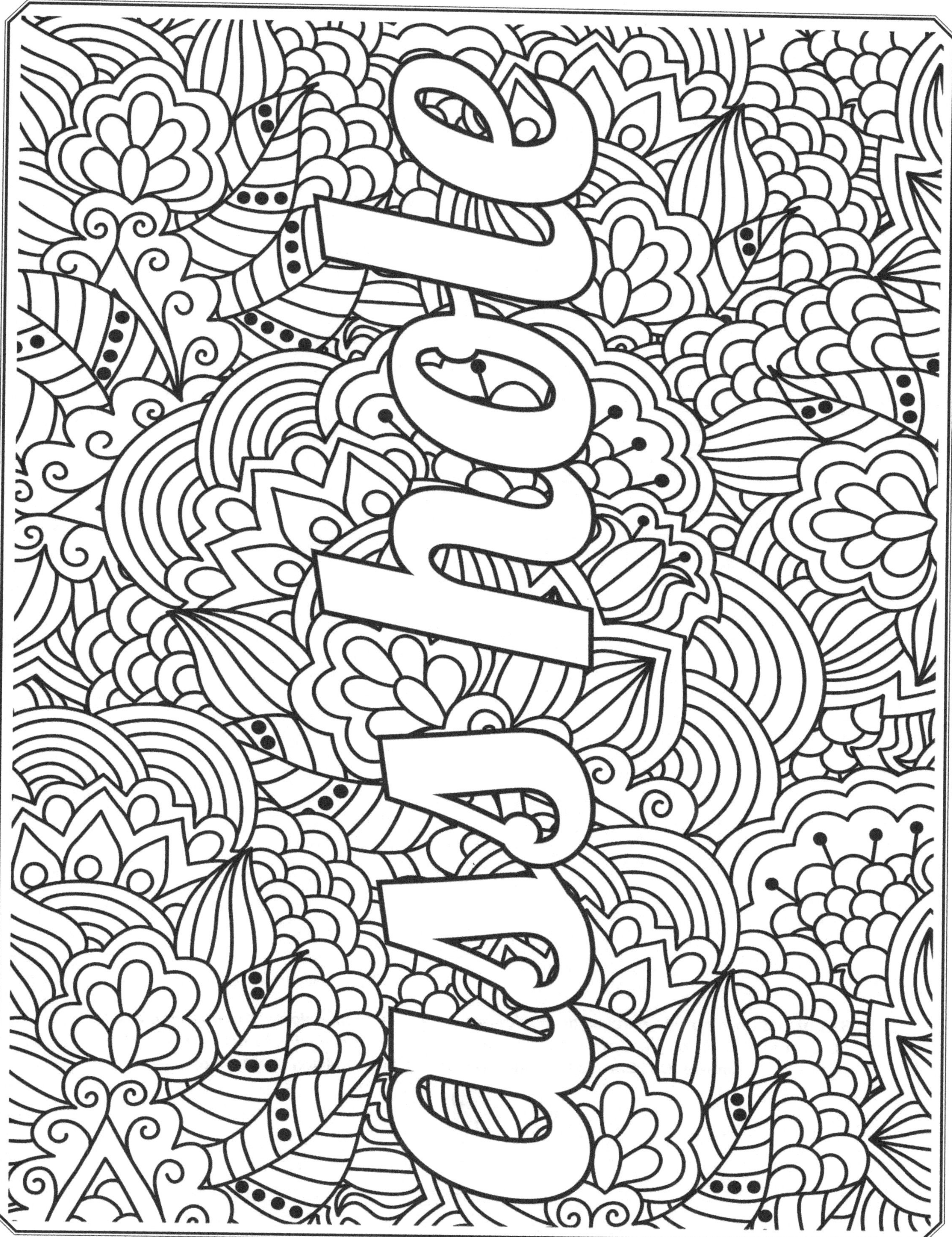

love
you

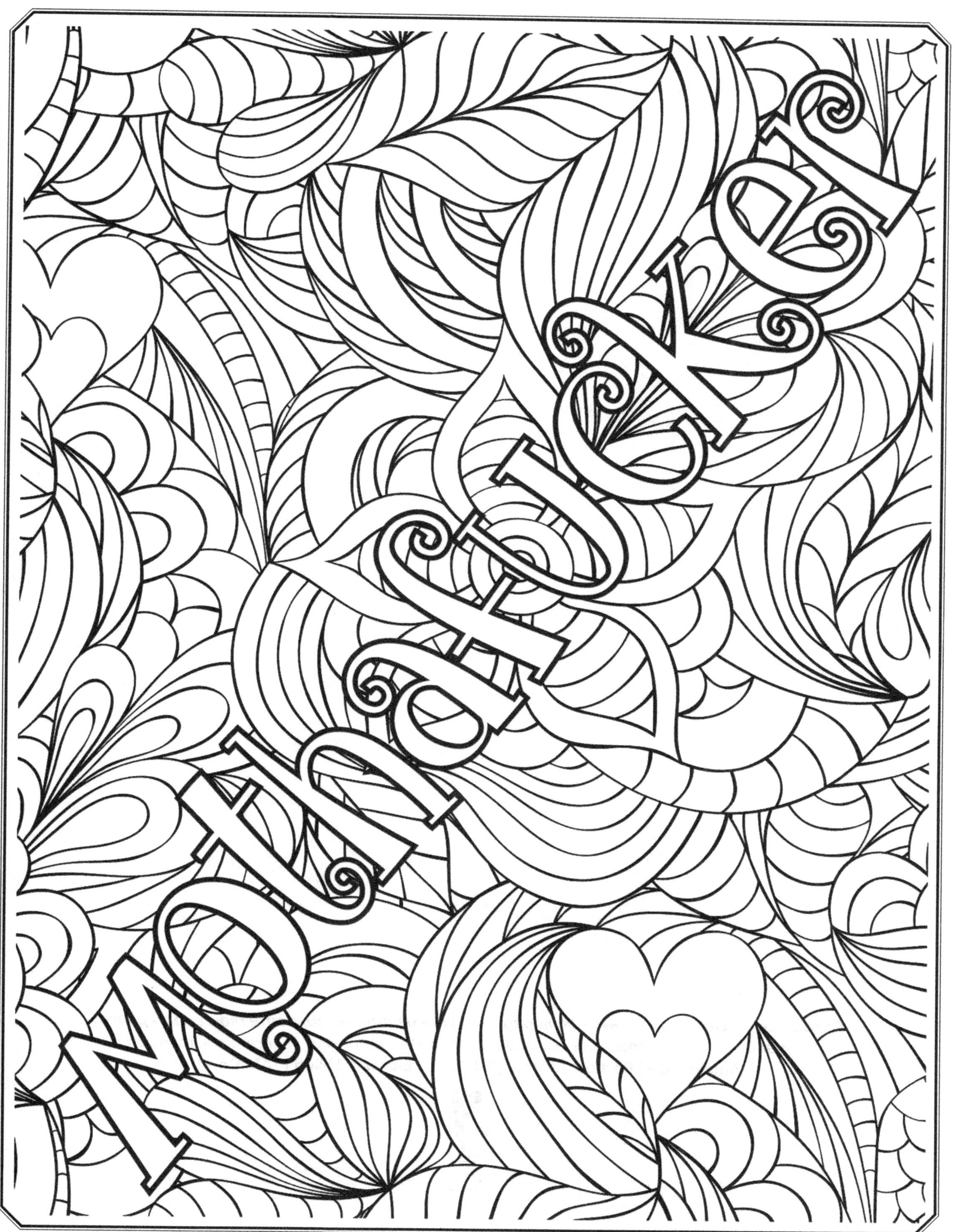

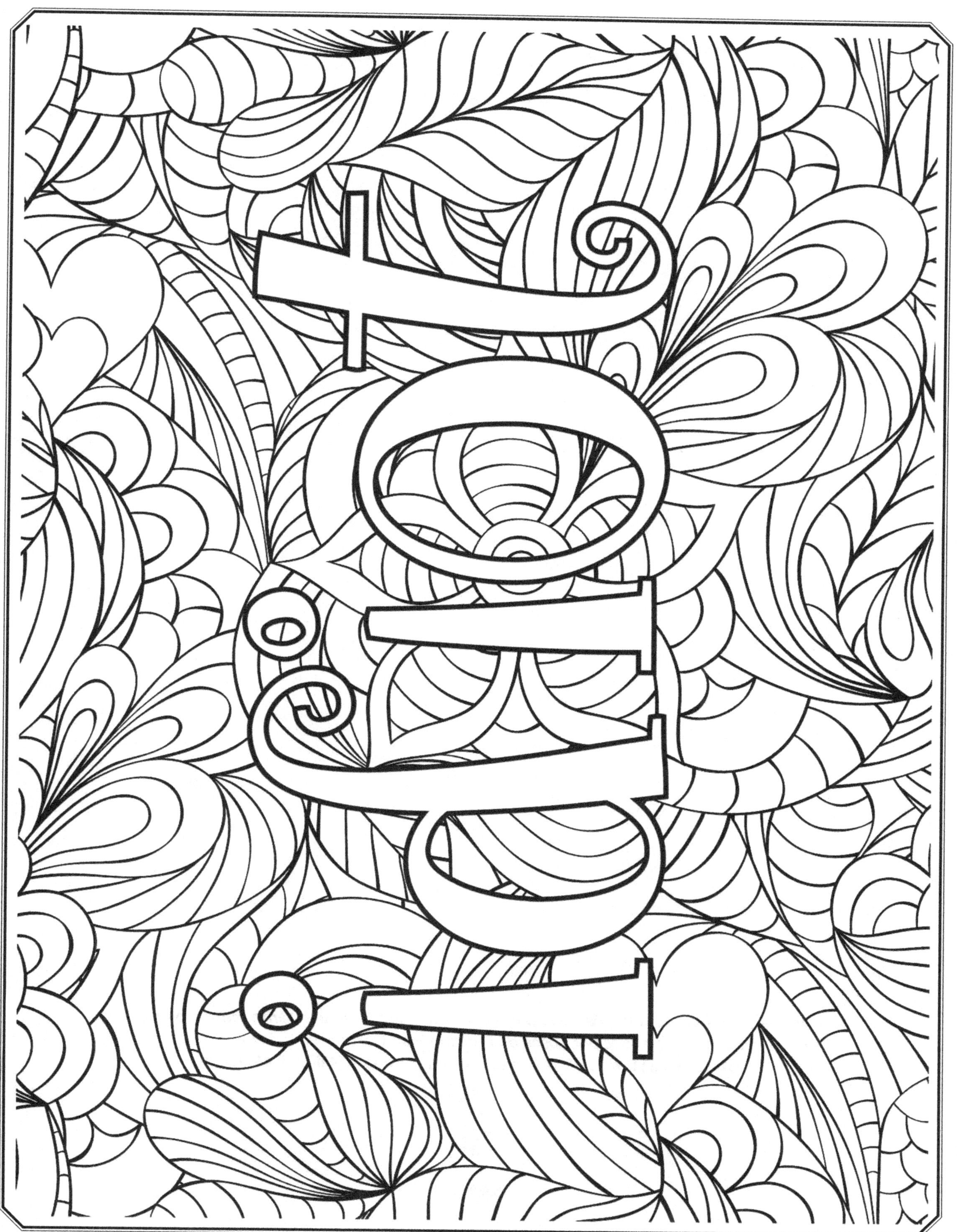

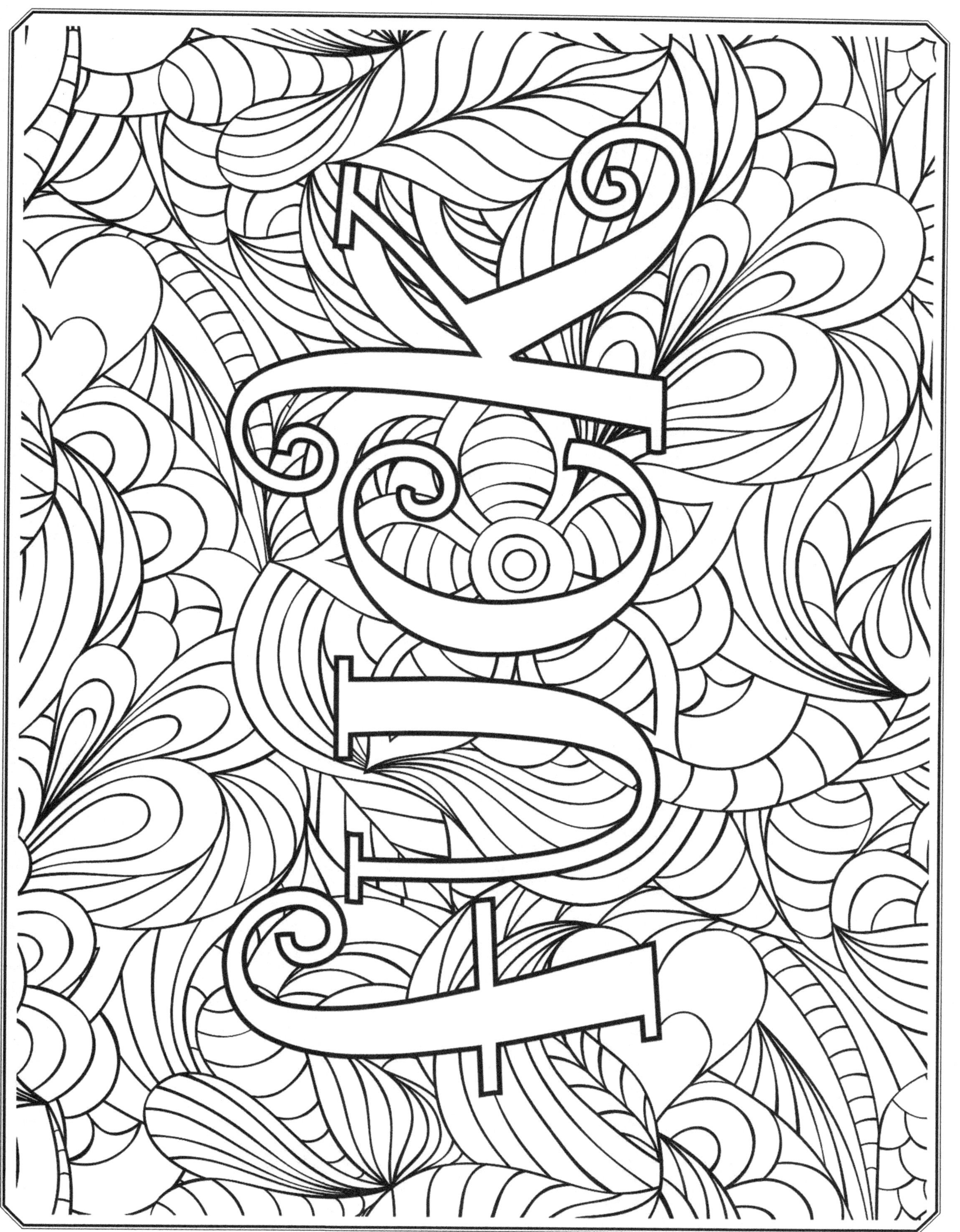

Made in the USA
Monee, IL
07 July 2026